Pierre Kynast

Friedrich Nietzsches Übermensch

Prometheus schenkte den Menschen das Feuer und Nietzsche entfachte es erneut. Überwinder der Götter und Befreier der Menschen waren sie – Leidende, wissend, dass nichts geschaffen wird, ohne dass etwas zugrunde geht. Um dem Leiden einen Sinn zu geben, dazu ward der Übermensch erfunden. Und dass er wachse, dazu ward einmal kräftig in die Glut geblasen.

„Die höchste Kunst im Jasagen zum Leben, die Tragödie, wird wiedergeboren werden, wenn die Menschheit das Bewusstsein der härtesten, aber nothwendigsten Kriege hinter sich hat, *ohne daran zu leiden...*"

Friedrich Nietzsche

Dieses Buch ist ein Wagnis. Ein Wagnis, weil hier Nietzsches Philosophie des Übermenschen wiedergegeben wird, ohne sie zu kritisieren, objektivierend aufzuweichen oder zu verdammen. Wer eine Antwort auf die Frage sucht, was es mit Nietzsches Übermenschen auf sich hat, der findet sie hier – ohne belehrenden Zeigefinger und ohne besonnen warnende Stimme. Die Abhandlung verfolgt den Gedanken des Übermenschen durch Nietzsches Werk, nimmt dabei viele seiner gefährlichen Gedanken auf und bezieht diese, Nietzsches Duktus folgend, auf aktuelle Ereignisse und Gegebenheiten unserer Zeit, zum Beispiel auf die Präambel zum deutschen Grundgesetz. Mit Nietzsche steht die Welt in einem anderen Licht. Auch heute noch – und vielleicht mehr denn je – ist Nietzsches Übermensch eine Philosophie für übermorgen auf der Suche nach neuen Philosophen.

FRIEDRICH NIETZSCHES ÜBERMENSCH

EINE PHILOSOPHISCHE EINLASSUNG

VON

PIERRE KYNAST

JAHR

2006/ 118 N.Z.

Pierre Kynast
Egologien II

Friedrich Nietzsches Übermensch
Eine philosophische Einlassung

Schlagworte
Philosophie, 19. Jahrhundert, Friedrich Nietzsche, Übermensch, Übermenschen, übermenschlich, Ewige Wiederkunft, Wille zur Macht, Fluch auf das Christentum, Moral, Moralkritik, Werte, Wertkritik, Dionysos, dionysisch, Zarathustra, Leben, lebendig

Impressum

© Pierre Kynast, Merseburg an der Saale, 2006
Internet: http://www.pierrekynast.de
Umschlag- und Titelgestaltung: Pierre Kynast
Titelbild: Peter Paul Rubens. Gefesselter Prometheus

Zweite, durchgesehene Ausgabe [Erste Ausgabe, erschienen im Projekte-Verlag 188, Halle (Saale), 2006]
© pkp Verlag, Pierre Kynast, Leuna, März 2013
Internet: http://www.pkp-verlag.de
Herstellung und Vertrieb: Books on Demand GmbH, Norderstedt
Gebundene Ausgabe: ISBN 978-3-943519-04-4 – Taschenbuch: ISBN 978-3-943519-05-1 – E-Book: ISBN 978-3-943519-06-8

INHALT

Kapitel 1
FRIEDRICH NIETZSCHES ÜBERMENSCH 9
Vorbemerkungen 9
„Sinn ist das, worin sich Verständlichkeit von etwas hält" ... 14
Aspekte und Ebenen 16
Begriffe sind offene Mengen von Bedeutung 17

Kapitel 2
MORAL UND WERT 18
Die Genealogie der Moral 20
Die Werte „Gut und Böse", „Gut und Schlecht" 20
Schuld, schlechtes Gewissen und Gerechtigkeit 24
Die Bedeutung asketischer Ideale 31

Fluch auf das Christentum 38
Worum es geht 39
Womit es begann 43
Was darauf folgte 47

Idiosynkrasie von décadents 50
Die Definition der Moral 54

Kapitel 3
LEBEN UND WERT 56
Was Leben heißt 61
Die ewige Tragödie – Dionysos und Apollon 63
Wahrheit 70
Das historische Tier 73

Der Wille zur Macht 82
Herrschaft ist Freiheit 90
Ein anderer Wertgesichtspunkt 94

Kapitel 4
DER ÜBERMENSCH **99**
Zarathustra und Dionysos 99
Die Überwindung der letzten Menschen 102
Was „der Übermensch" ist 105

Die Brücken des Übermenschen **106**
Übermensch und Krieg 106
Übermensch und Religion 108
Übermensch und Staat 109
Übermensch und Freund und Freundschaft 113
Übermensch und Mann und Weib und Zeugung 115
Übermensch und Tod und Sterben 119
Übermensch und Leben 120

Die Erhöhung des Menschen und höhere Menschen . **121**
Die drei Bösen: Wollust, Herrschsucht und Selbstsucht 124
Die höheren Menschen 126
Der Hammer und der große Mittag 130

Die frohe Botschaft **134**

Kapitel 5
VERTEIDIGUNG **138**

ANHANG **140**
Technische Bemerkungen 140
Literatur 141
Verzeichnis sämtlicher Stellen zu … 144
Endnoten 150

Vorspiel

> Und Seligkeit muss es euch dünken, eure
> Hand auf Jahrtausende zu drücken wie auf Wachs[1]

Es ist Mittag. Nicht irgendein Mittag an irgendeinem Tage, sondern der *große Mittag*, der Mittag der Erde, der große Mittag der Menschheit.

Zarathustra, der Lehrer der *Ewigen Wiederkunft* und der Verkünder des *Übermenschen*[2], tritt vor seine Höhle hin, umschwärmt von unzähligen Tauben und an seiner Seite ein lachender Löwe.

In der Nacht zuvor hatte er mit den *höheren Menschen* gefeiert und an ihnen gelitten. Nun, eben an diesem Morgen, überwindet er zuletzt noch sein Mitleid mit den höheren Menschen und verlässt seine Höhle, glühend und stark wie eine Morgensonne, die aus dunklen Bergen kommt.[3]

Etwa drei Jahre später erlässt Friedrich Nietzsche, der Entdecker des *Willens zur Macht*, das *Gesetz wider das Christentum* und bestimmt – dem großen Mittag angemessen – den Beginn einer neuen Zeitrechnung. Sie beginnt mit dem Tag der Gesetzgebung, dem *Tage des Heils*, am 30. September 1888 der falschen Zeitrechnung[4].

In den darauffolgenden Monaten verfasst Nietzsche, auf dass er nicht verwechselt werde[5], *Ecce homo*, eine Erklärung zu sich selbst und seinem Werk und verschwindet im Januar des folgenden Jahres für immer in die Nacht. – Auf dass der Übermensch lebe.

Und das ist der grosse Mittag, da der Mensch auf der Mitte seiner Bahn steht zwischen Thier und Übermensch und seinen Weg zum Abende als seine höchste Hoffnung feiert: denn es ist der Weg zu einem neuen Morgen.
Alsda wird sich der Untergehende selber segnen, dass er ein Hinübergehender sei; und die Sonne seiner Erkenntnis wird ihm im Mittage stehn.
„*Todt sind alle Götter: nun wollen wir, dass der Übermensch lebe.*" – diess sei einst am grossen Mittage unser letzter Wille! –

Also sprach Zarathustra.[6]

Kapitel 1
Friedrich Nietzsches Übermensch

Vorbemerkungen

Friedrich Nietzsche (1844–1900) war nicht nur Philosoph und Dichter, er war auch, wenn man so will, sein eigener Prophet und Mystiker – eine außergewöhnliche Existenz. Leben und Philosophie waren bei ihm nicht vereint, sondern eins. Und soweit man schon denjenigen einen Schauspieler nennen kann, der sich selbst in einer Rolle sieht, so war Nietzsche auch Schauspieler.

Im Folgenden geht es aber nicht um Nietzsche als Schauspieler oder Nietzsche als Philosophen oder Messias oder was auch immer, es geht genau genommen überhaupt nicht um Nietzsche, sondern um eine umfassende Vorstellung seines Übermenschen – um ein Bild *davon*, ein Verständnis *dafür* und einen Grund *dazu*. Was bedeutet „Übermensch", lautet die hiermit gestellte Frage, und Antwort darauf sollen die folgenden Seiten geben. Sie beziehen sich hauptsächlich auf die von Nietzsche selbst ausdrücklich zur Veröffentlichung bestimmten Schriften. Nietzsches schriftlicher Nachlass bleibt weitestgehend unberücksichtigt, ebenso der Zusammenhang „Leben und Werk".

Der methodische Grundsatz der Arbeit lautet „Was steht da?!" und meint, dass, soweit Nietzsches Schriften Auskunft geben, ihre Aussagen ernst genommen werden und der „rohe Ausdruck" immer einer weitergehenden Interpretation vorgezogen wird, für die ansonsten derselbe Grundsatz gilt: „Was steht da!?"

Wenn Nietzsche also, wie es zum Beispiel in *Ecce homo* häufiger vorkommt, etwa sagt: „So ist es gemeint!", dann wird das ernst genommen. Letztendlich soll sein Werk soweit wie möglich aus sich selbst heraus Verständlichkeit gewinnen und es soll so wenig wie möglich von außen in den Text hineingetragen werden. Es geht ja um *Nietzsches* Übermenschen.

Geht man dem Begriff „Übermensch" im Werk nach, so fällt zuerst auf, dass der Begriff zum einen adjektivisch oder prädikativ, also zur Charakterisierung oder Auszeichnung von etwas als übermenschlich verwendet wird, zum anderen substantivisch, also zur Bezeichnung von etwas als Übermensch. Ausgehend von dieser Unterscheidung lässt sich eine dreifache Unterteilung des Werkes vornehmen. *Also sprach Zarathustra* (1883–1885) steht in jeglicher Hinsicht in der Mitte. Die Schriften von *Die Geburt der Tragödie* (1872) bis zu *Die Fröhliche Wissenschaft* (1882) bilden die Vorarbeit zu diesem Werk, sie sind sozusagen der Humus, aus dem *Zarathustra* gewachsen ist. Die darauffolgenden Schriften von *Jenseits von Gut und Böse* (1886) bis *Ecce homo* (1888/89) lassen sich als weiterführende Nacharbeit verstehen. Mit ihnen wird die dichterische Intuition des *Zarathustra* gleichsam zurückübersetzt, ausgewertet und fruchtbar gemacht – weiterentwickelt und gefüllt.

Ecce homo kommt dabei, gemeinsam mit den 1886 verfassten Vorreden zu den frühen Schriften, eine Sonderstellung zu. Insbesondere diese Texte stellen das Werk in *einen* Gesamtzusammenhang – Moralkritik im weitesten Sinne – und geben damit die Grundlinien einer jeden Interpretation vor.

Was den hier infrage stehenden Begriff des Übermenschen betrifft, so findet er sich im ersten Teil des Werks, mit einer Ausnahme, in eindeutig adjektivischer oder prädikativer Verwendung. Da ist zum Beispiel die Rede vom „entzückenden Gliederbau übermenschlicher Wesen"[7], vom reinen und folgenlosen, daher auch trieblosen Erkennen als im Grunde außer- und übermenschlichem Geschäft[8], von übermenschlicher Güte und Gerechtigkeit[9] und von einer übermenschlichen Stufe des Daseins[10]. In acht der insgesamt 18 Aphorismen[i], in denen der Begriff auftaucht, findet er sich im direkten Zusammenhang mit dem von „Gott" oder „göttlich". Auch an der Ausnahmestelle, an der zum ersten Mal das Substantiv „Übermensch" auftaucht, geben Götter und Heroen Beispiele dafür und werden zu Erfindungen erklärt[11]. Insoweit weist der Begriff also über die Wirklichkeit hinaus auf etwas, was derselben enthoben ist und deren Bedingungen nicht unterliegt – auf Fiktionen. „Übermenschlich" ist ein Superlativ, der in den frühen Schriften seinen Gegenstand oder den Zusammenhang, in dem er angewandt wird, wenn überhaupt, dann nur an einem hauchdünnen Faden mit der Realität verbindet.

Was *Also sprach Zarathustra* auszeichnet, ist die Tatsache, dass hier an keiner Stelle mehr von „Übermenschlichem" die Rede ist, sehr wohl aber vom „Übermenschen" und dass dieser „Übermensch" sehr viel mehr mit der Realität zu tun hat als der eben offengelegte Begriff. Der Bezug zum Göttlichen fehlt bis auf eine Ausnahme gänzlich. Der Begriff taucht, im Vergleich zu den frühen und späten Schriften, deutlich gehäuft – in 25 Reden Zarathustras – auf. Hätte Nietzsche nicht selbst darauf hingewiesen, dass der Gedanke der *Ewigen Wiederkunft*, diese umfassendste Formel der *Bejahung allen Daseins*, der Kerngedanke des Zarathustra ist[12], so könnte man leicht auf die Idee kommen, es sei der des Übermenschen. Was sagt doch Zarathustra in seiner ersten Ansprache programmatisch?

> Ich lehre euch den Übermenschen. Der Mensch ist Etwas, das überwunden werden soll. [...]
> Was ist der Affe für den Menschen? Ein Gelächter oder eine schmerzliche Scham. Und ebendas soll der Mensch für den Übermenschen sein: ein Gelächter oder eine schmerzliche Scham.

---

[i] eine Übersicht sämtlicher Stellen, an denen der Begriff im Werk auftaucht, findet sich in Anhang C.I.

> [...]
> Seht, ich lehre euch den Übermenschen!
> Der Übermensch ist der Sinn der Erde. Euer Wille sage: der Übermensch sei der Sinn der Erde![13]

Im dritten Teil des Werkes finden sich sowohl die prädikative als auch die substantivische Verwendungsweise aus den ersten beiden Teilen wieder. Darüber hinaus ergibt sich aber ein neuer Aspekt. Der Übermensch des *Zarathustra* ist etwas eindeutig Zukünftiges, etwas, was durchaus Wirklichkeit werden kann und soll, aber eben noch nicht wirklich ist, eine Hoffnung, vielleicht die höchste[14]. In den späten Schriften finden sich nun Ansätze, die darauf ausgehen, „den Übermenschen" in die Wirklichkeit des Hier und Jetzt zu binden und ihn so nahezu gänzlich in die Realität zu ziehen. Dabei wird das superlativisch ins Transzendente weisende Moment des „Übermenschlichen" aus den Werken der ersten Periode ein wenig vom Himmel herabgeholt. Es ist nunmehr zum Beispiel die Rede von Napoleon als einer Synthesis von Unmensch und Übermensch[15] oder davon, dass es ein fortwährendes Gelingen einzelner Fälle (Menschen, Geschlechter, Völker) gibt, die im Verhältnis zur Gesamt-Menschheit eine Art Übermensch darstellen[16].

Im Rückblick auf sein Werk erklärt Nietzsche in *Ecce homo*, dass das Wort „*Übermensch*" zur Bezeichnung eines Typus „höchster Wohlgerathenheit" im Gegensatz zu „modernen" Menschen, zu „guten" Menschen, zu Christen und „andren Nihilisten"[17] dient und dass es im Munde Zarathustras ein sehr nachdenkliches, zu bedenkendes Wort wird, das nicht selten missverstanden wurde.

Was bedeutet nun „Übermensch"? Worauf will Nietzsche mit der Rede vom Übermenschen hinaus? Was ist der Grund für die Rede vom Übermenschen? Und – wie sieht er letztendlich aus, dieser Übermensch? Dies sind – nochmals gesagt – die Fragen, die eine Antwort finden sollen. Einige Hinweise sind bereits gegeben. Hier nun die letzten Zeilen, die Nietzsche dazu an die Öffentlichkeit gab:

> Zarathustra, der erste Psycholog der Guten, ist – folglich – ein Freund der Bösen. Wenn eine décadence-Art Mensch zum Rang der höchsten Art aufgestiegen ist, so konnte dies nur auf Kosten ihrer Gegensatz-Art geschehn, der starken und lebensgewissen Art Mensch. Wenn das Heerdenthier im Glanze der reinsten Tugend strahlt, so muss der Ausnahme-Mensch zum Bösen heruntergewerthet sein. Wenn die Verlogenheit um jeden Preis das Wort „Wahrheit" für ihre Optik in Anspruch nimmt, so muss der eigentlich Wahrhaftige unter den schlimmsten Namen wiederzufinden sein. Zarathustra lässt hier keinen Zweifel: er sagt, die Erkenntniss der Guten, der „Besten" gerade sei es gewesen, was ihm Grausen vor dem Menschen überhaupt gemacht habe; aus *diesem* Widerwillen seien ihm die Flügel gewachsen, „fortzuschweben in ferne Zukünfte", – er verbirgt es nicht, dass *sein* Typus Mensch, ein relativ übermenschlicher Typus, gerade im Verhältniss zu den *Guten* übermenschlich ist, dass die Guten und Gerechten seinen Übermenschen *Teufel* nennen würden . . .
>   Ihr höchsten Menschen, denen mein Auge begegnete, das ist mein Zweifel an euch und mein heimliches Lachen: ich rathe, ihr würdet meinen Übermenschen – Teufel heissen!
>   So fremd seid ihr dem Grossen mit eurer Seele, dass euch der Übermensch *furchtbar* sein würde in seiner Güte . . .
>   An dieser Stelle und nirgends wo anders muss man den Ansatz machen, um zu begreifen, was Zarathustra *will*: diese Art Mensch, die er concipirt, concipirt die Realität, *wie sie ist*: sie ist stark genug dazu –, sie ist ihr nicht entfremdet, entrückt, sie ist *sie selbst*, sie hat all deren Furchtbares und Fragwürdiges auch noch

> in sich, damit erst kann der Mensch Grösse haben
> ...[18]

Nietzsche schreibt diesen Aphorismus unter dem Titel *Warum ich ein Schicksal bin* in den letzten Abschnitt des *Ecce homo*. Er soll hier einen ersten Überblick über den Begriff des Übermenschen ermöglichen und den Ausgangspunkt der Untersuchung bilden. Nietzsche selbst zeichnet ihn zu diesem Zweck aus, denn das, was hier aufs Engste verdichtet zum Ausdruck kommt, ist „die Stelle", an der man den Ansatz machen muss, um „den Übermenschen" zu verstehen. Die Dekomprimierung des darin Verdichteten ist wesentliche Absicht dieses Buches.

„SINN IST DAS, WORIN SICH VERSTÄNDLICHKEIT VON ETWAS HÄLT"[19]

Das Verständnis von „Sinn", welches diesen Satz Martin Heideggers trägt, ist offensichtlich ein sehr diesseitiges. Nichts Jenseitiges bleibt dieser Definition folgend am Begriff des Sinns, kein über- oder außerweltlicher Aspekt, kein An- oder Für-Sich. Der Sinn der Straßen, könnte man sagen, ist der Verkehr. Der Sinn des Verkehrs, der Umgang der Menschen miteinander und ihr Austausch untereinander, und Sinn wäre, so verstanden, ganz allgemein, die Bindung von etwas Speziellem in eine übergeordnete Struktur, seine Einbettung in ein umgreifendes Ereignis. Der Sinn des Bettes ist der Schlaf ...

Fragt man nun nach dem Sinn des Übermenschen, so ließe sich etwas vorgreifend sagen: *„Der Sinn des Übermenschen ist die Überwindung des Menschen."* Zu klären, was „Überwindung des Menschen" meint, genauer noch, was am Menschen zu überwinden ist, das hieße folglich, den Sinn des Übermenschen zu klären. Der eben zitierte Aphorismus aus *Ecce homo* bietet dazu alle Ansätze.

Zuerst ist hier von zwei Arten Menschen die Rede, zum einen von der décadence-Art Mensch und zum anderen von deren Gegensatz, der starken und lebensgewissen Art Mensch. Die Ersteren nun, die schwachen und lebensungewissen Menschen, sind „die Guten", die Menschen der anderen Art „die Bösen", und Zarathustra wurde ein Freund der Bösen, weil er die Guten durchschaut hat. Die Guten, das sind die „Herdentiere" – eine zoologische Tatsache. Die Schwachen schließen sich zusammen, bilden Herden, die Starken streben auseinander[20], sind Vereinzelte. Die „Räuber" bilden höchstens kleinere Gruppen oder Familien.

Diese Guten nun, die Herdenmenschen, sieht Nietzsche zum Rang der höchsten Art Mensch aufgestiegen. Sie strahlen im Glanz der reinsten Tugend, ihre Werte gelten als die höchsten, als die wahren. Eben damit aber nimmt die Verlogenheit um jeden Preis das Wort „Wahrheit" für ihre Optik in Anspruch und das Bild der Wirklichkeit wird verzerrt. Nicht das Starke und Lebensgewisse, sondern das Schwache und dem Leben bei Weitem nicht so Gewisse gilt als das Beste. Als „wahr" gilt, was das Leben verleugnet. Der Ausnahme-Mensch, der einzelne, lebendige, starke, wird von den Guten zum Bösen heruntergewertet und infolgedessen ist der eigentlich wahrhaftige unter den schlimmsten Namen wiederzufinden – viel schlimmere noch als „Räuber".

Gerade im Verhältnis gegen die Guten – die Herde, die Schwachen, die Verlogenen – ist der von Zarathustra konzipierte Übermensch übermenschlich. Er rückt als Typus näher an den Starken, den Wahrhaftigen, das Raubtier und wird eben daher von den Guten und Gerechten „Teufel" genannt. Dabei ist er „nur" ein Mensch, der stark genug ist, die Realität zu konzipieren wie sie ist. Er ist ihr nicht entfremdet oder entrückt, er ist sie selbst und hat all deren Furchtbares und Fragwürdiges auch noch in sich. Erst dadurch kann der Mensch Größe haben – und *der Übermensch hat Größe*. Er erscheint furchtbar in seiner Kraft zu vernichten, ist es aber nur insoweit dem Betrachter die Kraft fehlt, das Schöpferische in der Vernichtung zu erkennen, das *Jasagen im Neintun*[21].

> Und diess Geheimniss redete das Leben selber zu mir. „Siehe, sprach es, ich bin das, *was sich immer selber überwinden muss.* [22]

Der Übermensch ist das Leben, er ist derjenige, der sich immer wieder selber überwindet. Und im Folgenden soll klarer werden, was all das bedeutet.

ASPEKTE UND EBENEN

Wo ich stehe, entscheidet, was ich sehe. Es gibt keinen anderen Zugang zum Dasein, zu seinen Rätseln und Oberflächen als den der eigenen Perspektive.

Der Philosoph ist offen für jeden Standpunkt. Er vermag es ebenso, sich ins kleinste Detail zu stellen wie in die höchste Höhe. Die Psychologie eines Menschen wird ihm ebenso zum Gegenstand werden wie die Entwicklungsdynamik ganzer Völker oder Arten, selbst das Kosmische ist ihm nicht fremd. Nicht nebenbei sucht er die einenden Momente oder Prinzipien der verschiedenen *Ebenen* und hält das Größte mit dem Kleinsten zusammen, all seine Perspektiven verwachsen miteinander zu einer Gesamtschau, die, man muss es sich eingestehen, wiederum nicht mehr als eine Perspektive ist.

Zum anderen gibt es Arten von Perspektive, die das jeweils Ganze, ob nun einen Menschen, eine Art oder den Kosmos, in verschiedene *Aspekte* zu zerlegen suchen. So untersucht man eine Zelle zum Beispiel als organische Verbindung oder als gesellschaftliches Wesen; einen Stein nach dem, *was* er ist oder *wie* er sich in Bewegung verhält. Gerade hierbei wird deutlich, wie gefährlich es ist und wie falsch es sein kann, wenn die Perspektive sich als Perspektive vergisst. Wenn zum Beispiel nach der „Teilung" des Menschen in ein „körperliches" und „geistiges" Wesen vergessen wird, dass beides nur perspektivische Aspekte ein und derselben Sache sind. Und dennoch, es bleibt etwas anderes, einen Wert zu vernichten als einen Menschen.

Von Bedeutung ist dieses kurze Schlaglicht auf das Perspektivische, weil sich Nietzsche in Hinsicht auf die erste Art von Perspektiven nahezu jeden Standpunkt an irgendeiner Stelle zu eigen macht, in Hinsicht auf die zweite Art aber seinen Gegenstand – den Menschen – hauptsächlich auf den Aspekt des Moralischen, auf seine Werte hin betrachtet und untersucht. Hier steht Nietzsches großes Fragezeichen. Das einende Band in seinem Werk ist Moral- beziehungsweise Wertkritik. Gerade darin aber ist Nietzsche weit davon entfernt, den Menschen in ein „körperliches" und „geistiges" Wesen zu teilen. Eine Teilung, auf die bisher noch beinahe jede Morallehre baute und abhob.

BEGRIFFE SIND OFFENE MENGEN VON BEDEUTUNG

KAPITEL 2
MORAL UND WERT

Der Sinn der Moral ist der Wert; denn der Wert ist das, worin sich das Verständnis einer Moral hält. Worin aber ruht der Wert? Was ist der so verstandene Sinn des Wertes? Worin hält sich sein Verständnis? Mit Nietzsche könnte man sagen: „Der Sinn des Wertes ist das Leben." Vor dem Hintergrund des Lebens, aus dem Leben heraus wird der Wert verständlich, von da-her zeigt sich sein Sinn.

Für Platon konzentrierte sich die Philosophie in drei Ideen: der des Guten, der des Schönen und der des Wahren. Diese drei „Ideen" sind bei Platon untrennbar miteinander verknüpft und haben auf eine Weise, für die er intensiv nach einem Ausdruck suchte, mit der Wirklichkeit zu tun. Die Idee des Guten sah er, gegenüber den anderen beiden, in einer gewissen Priorität oder Leitfunktion.

Ohne mich weiterhin auf die Ideenlehre einzulassen, glaube ich, nichts falsch zu machen, wenn ich die Ausdrücke „gut", „schön" und „wahr" als die allgemeinsten Wertbegriffe bezeichne – die drei ersten und letzten Arten zu urteilen.

Auch bei Nietzsche finden sich diese drei Wertaspekte als grundlegende wieder. Die Bedeutung des „Schönen" findet ihren Ausdruck zum Beispiel in dem Satz, dass *nur als ästhetisches Phänomen das Dasein und die Welt ewig gerechtfertigt sind*.[23] Die ganze *Geburt der Tragödie* kann meines Erachtens als Auseinandersetzung mit der „Idee des Schönen" gelesen werden. Ebenso ist die „Idee der Wahrheit" in Nietzsches Werk ein zentraler

Punkt der Kritik, was eine Stelle aus *Der Antichrist* hier im Anriss verdeutlichen mag.

```
Der vornehme Hohn eines Römers [Pilatus],
vor dem [bei der Anklage Jesus durch die jüdi-
schen Priester] ein unverschämter Missbrauch mit
dem Wort „Wahrheit" getrieben wird, hat das neue
Testament mit dem einzigen Wort bereichert, das
Werth hat, - das seine Kritik, seine Vernichtung
selbst ist: „was ist Wahrheit!"...²⁴
```

Zuletzt – könnte man sagen – ist die „Idee des Guten" der Dreh- und Angelpunkt zumindest in Nietzsches Spätwerk. *Jenseits von Gut und Böse* verweist als programmatischer Titel hierauf und *Der Antichrist* kann durchaus als Abrechnung mit der Vorstellung „des Guten" der Moderne verstanden werden. Der gesamte Wertekanon des christlichen Abendlandes wird hier aufgerollt.

Nietzsches Sache war wesentlich Wertkritik, die grundsätzliche Infragestellung von „Wert" überhaupt und so notwendig die Auseinandersetzung mit den genannten drei Wertaspekten. Auch für Platon, man vergisst es über die verbreitete Zentralisierung der sogenannten Ideenlehre recht schnell, war Kritik ein wesentliches Moment. Sokrates fand die Werte „gut", „schön" und „wahr" in den Worten seiner Mitbürger und war, was die Gründe ihrer Wertsetzungen betraf, der penetranteste aller Fragesteller.

Aber nun zu Nietzsche und seiner Antwort auf diese altehrwürdigen Fragen – zu seiner *Genealogie*ⁱ *der Moral*, zu den Ursprüngen der Moral und der Herkunft der Werte, welche sie tragen.

ⁱ Geschlechterkunde, Familienforschung [Duden] von griech. genalogia: Hersagung der Geburt [Metzler Philosophie Lexikon]

DIE GENEALOGIE DER MORAL

> Wir haben eine Kritik der moralischen Werthe nöthig, der Werth dieser Werthe ist selbst erst einmal in Frage zu stellen – und dazu thut eine Kenntniss der Bedingungen und Umstände noth, aus denen sie gewachsen, unter denen sie sich entwickelt und verschoben haben[25]

DIE WERTE „GUT UND BÖSE", „GUT UND SCHLECHT"

Die Suche nach Werten im Überweltlichen und Außermenschlichen ist ein Irrweg. Es gibt keinen Wert, der nicht an einem Leben klebte. Und die größte Gefahr allen Moralisierens besteht daher darin, einen notwendig subjektiven Wert zu verallgemeinern, ihn zu einem „objektiven" zu verklären.

Mit dem Wort „Gut!" bringen Menschen Wertschätzungen zum Ausdruck und dem nachgehend, *was* sie wertschätzen oder *wie*, findet Nietzsche zwei grundsätzlich voneinander verschiedene Möglichkeiten und damit Ursprünge von Moral. Zum einen die spontane Bejahung der eigenen Absicht, Person oder Tat, zum anderen das Ressentiment, die gefühlsmäßige Abneigung gegen irgendwas oder irgendwen. Aus diesen zwei Arten wert-zu-schätzen wachsen zwei Moralen und also zwei Begriffe von „gut". Der Begriff von „gut", welcher dem spontanen „Ja!" entspringt, hat notwendig, der Zeit und der Sache nach, Vorrang. Das bestätigen auch Nietzsches etymologische Recherchen. Sie ergeben:

> dass überall „vornehm", „edel" im ständischen Sinne der Grundbegriff ist, aus dem sich „gut" im Sinne von „seelisch-vornehm", „edel", von „seelisch-hochgeartet", „seelisch-privilegiert" mit Nothwendigkeit heraus entwickelt: eine

Entwicklung, die immer parallel mit jener anderen
läuft, welche „gemein", „pöbelhaft", „niedrig"
schliesslich in den Begriff „schlecht" übergehen
macht.²⁶

„Gut" ist seinen Anfängen nach das Abzeichen politischen oder sozialen Vorrangs. *Die Spitzen der Gesellschaft geben ursprünglich das Vorbild für den Begriff.* Das, was sie für gut erachten, was sie bejahen, das heißt gut. Es sind die Namen, die sie sich selbst geben, welche sich zum Inbegriff des Guten entwickeln. So verweist zum Bespiel das lateinische „bonus" (gut) etymologisch auf den „Kriegsmann" und gibt damit einen Hinweis darauf, „was im alten Rom an einem Manne seine „Güte" ausmachte"²⁷. Die aristokratische Wertgleichung „gut = vornehm = mächtig = schön = glücklich = gottgeliebt"²⁸ ist die positive, der Bejahung entsprungene Wurzel des Begriffes „gut" – entsprungen dem „Ja!" der Herren zu sich selbst. Die Edlen wären nie auf die Idee gekommen, sich ihres Glückes zu schämen, und was „schlecht" heißt, das ergibt sich, in der Abgrenzung zu ihnen, erst im Nachhinein. Die vornehme Wertungsweise

agirt und wächst spontan, sie sucht ihren
Gegensatz nur auf, um zu sich selber noch dankbarer, noch frohlockender Ja zu sagen, – ihr negativer Begriff „niedrig" „gemein" „schlecht" ist
nur ein nachgebornes blasses Contrastbild im Verhältniss zu ihrem positiven, durch und durch mit
Leben und Leidenschaft durchtränkten Grundbegriff
„wir Vornehmen, wir Guten, wir Schönen, wir
Glücklichen!²⁹

In den Worten, mit denen das niedere Volk und der gemeine Mann bezeichnet werden, hört man eben daher eine Art Bedauern, Rücksicht, Nachsicht mitschwingen³⁰. Die Selbstherrlichkeit der Mächtigen, der Herren, der Wohlhabenden hat nur einen müden Blick für das, was sie wenig angeht, das Schwache, Arme und Ohnmächtige – keinesfalls einen bösen Blick! – wozu auch?

Der in jeder Hinsicht ursprüngliche Begriff des Guten entspringt also einem „Ja" der Herren zu sich selbst und dem, was ihnen gut dünkt. Das von daher sich ergebende Werte-Gerüst nennt Nietzsche „*Herren-Moral*".

> Zu ihrer Voraussetzung [gehört] eine mächtige Leiblichkeit, eine blühende, reiche, selbst überschäumende Gesundheit, sammt dem, was deren Erhaltung bedingt, Krieg, Abenteuer, Jagd, Tanz, Kampfspiele und Alles überhaupt, was starkes, freies, frohgemuthes Handeln in sich schliesst.[31]

> Das Thätigsein wird [...] mit Nothwendigkeit in's Glück hineingerechnet[32]

Die zweite Möglichkeit der Genese eines Begriffes von „gut" besteht, wie gesagt, in der Verneinung. Bevor aber derart überhaupt ein Begriff von „gut" gebildet werden kann, bedarf diese Wertungsweise eines positiven Begriffs, etwas, aus dessen Verneinung dann ein „Gut!" gewonnen wird.

Eben so wenig wie die erstgenannte spontan-positive Begriffsgewinnung etwas Künstliches hat – sich selbst für „richtig" nehmen ist etwas, was wohl jedem aus seiner eigenen Erfahrung zugänglich ist –, hat es diese zweite. Dem Beraubten, Unterworfenen oder Niedergetretenen wird der dafür Verantwortliche, wie edel er auch sein mag, wohl kaum gut heißen. Er ist, von dieser Warte aus gesehen, der Böse – und eben diese Verneinung „des Bösen" bildet den anderen Ursprung des Begriffs „gut". „Gut" bedeutet nunmehr: nicht rauben, nicht unterwerfen, nicht niedertreten – das Ressentiment wird selbst schöpferisch und gebiert Werte.

An dieser Stelle, so Nietzsche, beginnt der *Sklavenaufstand in der Moral*[33]. Die Ohnmächtigen, die Schwachen, die Krankhaften und die vom Unglück Verfolgten wissen sich nicht anders ihren Selbstwert, ihr „Ja" zu sich selbst zu erhalten, als ihren Gegensatztyp, das blühende, selbstherrliche Dasein, zum Bösen zu degradieren. Verständlich ist das, wie gesagt, ein Stück weit. Aber es ist ebenso der Boden, auf dem uneinlösbare Ideale wachsen. Denn:

> Von der Stärke verlangen, dass sie sich *nicht* als Stärke äussere, dass sie *nicht* ein Überwältigen-Wollen, ein Niederwerfen-Wollen, ein Herrwerden-Wollen, ein Durst nach Feinden und Widerständen und Triumphen sei, ist gerade so widersinnig als von der Schwäche verlangen, dass sie sich als Stärke äussere.[34]

Genau dazu aber schickt sich die „*Sklaven-Moral*" an. Sie lügt letzten Endes die Schwächen, aus denen sie wächst, das Nicht-überwältigen-Können, das Nicht-Herr-werden-Können, zu Stärken um und verklärt

> die Ohnmacht, die nicht vergilt, zur „Güte"; die ängstliche Niedrigkeit zur „Demuth"; die Unterwerfung vor Denen, die man hasst, zum „Gehorsam" [...]. Das Unoffensive des Schwachen, die Feigheit selbst [...] kommt hier zu guten Namen, als „Geduld" [...]. Auch redet man von der „Liebe zu seinen Feinden" – und schwitzt dabei.[35]

Das mit dieser zweiten Art von Wertungsweise gewonnene Wertegerüst gibt als „Sklaven-Moral" die Bedingungen wieder, unter denen sich das nach der Herren-Moral „Schlechte" in seinem Dasein erhalten kann. Die ausgezeichneten Vertreter der Sklaven-Moral sind für Nietzsche die Priester und als historisch herausragendes Beispiel des Kampfes von Herren- und Sklaven-Moral versteht Nietzsche den Kampf „Rom gegen Judäa, Judäa gegen Rom"[36], den Judäa qua Christentum gewann – bis Gott starb. Was sich damit vollzog, war eine Umwertung der herrschenden Werte. Aus dem „Guten" des in jeder Hinsicht vorrangigen Wertespektrums „Gut und Schlecht" wurde der „Böse". Der „Schlechte" erklärte sich gegen diesen Bösen zum „Guten" und seine Daseinsbedingungen zum Wert an sich. Infolgedessen stand zuletzt ein neues Wertespektrum – „Gut und Böse" – da, verklärt nach beiden Richtungen, und die Welt stand auf dem Kopf.

Es wird nun vielleicht etwas deutlicher, was es heißt: „Zarathustra, der erste Psycholog der Guten, ist – folglich – ein Freund der Bösen."[37]

Die Guten, von denen hier die Rede ist, sind die Guten des Wertespektrums „Gut und Böse". Sie trugen im Kampf um die Werte historisch den Sieg davon und es sind also Werte der Schwäche und Dekadenz, die daher nunmehr in Würden stehen. Es ist damit aber auch klarer, wessen Freund Zarathustra ist. Und man bekommt eine Ahnung, wo das große Fragezeichen Nietzsches steht, wenn man sich seine Charakterisierung Napoleons in diesem Zusammenhang vor Augen hält.

> Wie ein letzter Fingerzeig zum *andren* Wege erschien Napoleon, jener einzelnste und spätestgeborne Mensch, den es jemals gab, und in ihm das fleischgewordne Problem des *vornehmen Ideals an sich* – man überlege wohl, *was* es für ein Problem ist: Napoleon, diese Synthesis von *Unmensch* und *Übermensch*...[38]

SCHULD, SCHLECHTES GEWISSEN UND GERECHTIGKEIT

Was ist Gewissen? Die Verantwortlichkeit gegenüber einem gegebenen Versprechen, die Verantwortlichkeit gegenüber seinem eigenen, langen Willen. Was aber ist notwendige Bedingung dafür, dass überhaupt versprochen werden kann? Die Vergesslichkeit – und in allem, was nicht Mensch ist, findet sie sich in höchsten Graden – muss zumindest zuweilen ausgesetzt werden. Die Bedingung des Versprechens ist das Gedächtnis. Wie aber

> macht man dem Menschen-Thiere ein Gedächtniss? Wie prägt man diesem theils stumpfen, theils faseligen Augenblicks-Verstande, dieser leibhaften Vergesslichkeit Etwas so ein, dass es gegenwärtig bleibt?[39]

Wie züchtet man ein Tier heran, das versprechen darf, das sich aus seinem Willen einen „langen Willen" machen kann und das stark genug ist, ihn auch „gegen das Schicksal" aufrechtzuerhalten, ein Tier, dem sein Versprechen zum Gewissen wird, ein „souveränes Individuum", das für sich „Gut!" sagen darf und zu sich „Ja!"?[40] Ein solches Tier, der Mensch im vollen Sinne, ist, wie Nietzsche sagt, „eine *späte* Frucht"[41]. Was wesentlich zu ihrer Reifung führte, ist Thema dieses Abschnitts. Der Kern der Antwort sei vorweggenommen:

> Es gieng niemals ohne Blut, Martern, Opfer ab, wenn der Mensch es nöthig hielt, sich ein Gedächtniss zu machen; die schauerlichsten Opfer und Pfänder (wohin die Erstlingsopfer gehören), die widerlichsten Verstümmelungen (zum Beispiel die Castrationen), die grausamsten Ritualformen aller religiösen Culte (und alle Religionen sind auf dem untersten Grunde Systeme von Grausamkeiten) – alles Das hat in jenem Instinkte seinen Ursprung, welcher im Schmerz das mächtigste Hülfsmittel der Mnemonik errieth.[42]

Sowohl Nietzsches leitende Frage nach der Entstehung von Gewissen und dem Gefühl von Schuld als auch die soeben schon angedeutete Antwort grenzen seinen Ansatz ab. Das Gefühl der persönlichen Verpflichtung wird weder von einem Gott oder einer überweltlichen Instanz, wie im Falle der Religionen, abgeleitet noch entspringt es apriorischen Begriffen aus einer „intelligieblen Welt", wie im Falle Kants. Es geht Nietzsche hier zum einen um die Einsicht, dass nicht transzendente Ewigkeiten, sondern historische Wirklichkeiten zu entdecken sind, und zum anderen um die Abrechnung mit einem verbreiteten methodischen Fehler: die Sache ihres Werdens zu entkleiden und dann ein Reich ewiger Ideen zu „entdecken", um doch noch Möglichkeiten der Begründung zu haben.

Ein Philosophieprofessor zum Beispiel stellte auf einem Kant-Seminar, natürlich in aller Vorsicht, den Gedanken in den Raum, dass selbst in seinem Hund eine Art kategorischer Imperativ wirksam sei, der denselben dazu veranlasste, schon reumütig zu blicken, noch bevor sein Fleischdiebstahl überhaupt entdeckt wurde. Einen solch reumütigen Hundeblick hätte Nietzsche wohl ganz anders erklärt; vielleicht als vorauseilende Unterwerfung, ein Verhalten, welches ein hinreichend bekanntes Prozedere, hier wahrscheinlich verbale Zurechtweisung, antizipiert.

Ein „kategorischer Imperativ" wird gemacht und er ist umso „kategorischer", je strenger oder bestimmter die Zucht ist. Insoweit ist der Schmerz, ob nun der roheste oder der feinste, körperlichste oder geistigste, das mächtigste Hilfsmittel der Mnemonik – es wird etwas „eingebrannt".

In der großen historischen Perspektive sieht Nietzsche daher die Ursprünge des Schuldgefühls im ältesten und ursprünglichsten Personenverhältnis, dem Verhältnis zwischen Käufer und Verkäufer, Gläubiger und Schuldner[43]. Hier wird gerade in grauer Vorzeit dem Wortbrüchigen, der zuletzt sich selbst verpfändet, mittels Schmerz ein Gedächtnis gemacht. Wobei das Gedächtnis-Machen eher ein Nebeneffekt ist. Der eigentliche Grund für die Bestrafung des Schuldners ist die Abzahlung seiner Schuld, nicht seine „Besserung". Es geht im Strafen zuerst um die Befriedigung des Gläubigers. Dies ist eine der harten Wahrheiten, die unseren modernen Ohren schwer eingehen: Es liegt ein Genuss

> in der Vergewaltigung: als welcher Genuss um so höher geschätzt wird, je tiefer und niedriger der Gläubiger in der Ordnung der Gesellschaft steht, und leicht ihm als köstlichster Bissen, ja als Vorgeschmack eines höheren Rangs erscheinen kann. Vermittels der „Strafe" am Schuldner nimmt

> der Gläubiger an einem *Herren-Rechte* theil: end-
> lich kommt auch er ein Mal zu dem erhebenden Ge-
> fühle, ein Wesen als ein „Unter-sich" verachten
> und misshandeln zu dürfen – oder wenigstens, im
> Falle die eigentliche Strafgewalt, der Strafvoll-
> zug schon an die „Obrigkeit" übergegangen ist, es
> verachtet und misshandelt zu *sehen*. Der Ausgleich
> [für die Schulden des Schuldners] besteht also in
> einem Anweis und Anrecht auf Grausamkeit [seitens
> des Gläubigers].[44]

So zeigen sich Schuld(en), als materiales Personenver-hältnis, und Schmerz, als eindringlichste Erinnerung an dieses Verhältnis, auf das Engste und Dauerhafteste miteinander verbunden. Was Wunder, dass irgendwann der Gedanke aufkam, dass, wo immer Schmerz sei, es auch eine Schuld geben müsse, irgendetwas Nicht-Abgezahltes. In diesem Fehlschluss nun liegt der moralische Begriff der Schuld begründet, der zu allem Schlechten einen Gläubiger sucht, gegen den abgezahlt werden kann. Religiöse Opfer gehören ebenso in diesen Bereich wie der Ahnenkult, wobei zuweilen, wie in einer Art vorauseilender Unterwerfung, schon angebetet, geopfert und beschworen wird, um Unheil voraussehend abzuhalten und so der „Strafe" für (eventuell) nicht bezahlte Schulden zu entgehen.

Dieser moralische Begriff der Schuld, das mehr oder weniger unbestimmte Gefühl einer Schuld überhaupt, das schlechte Gewissen, ist dennoch keineswegs ein Resultat des Strafens. Dieses erinnert an Schulden und macht ein Gedächtnis dafür, dass man nicht allzu leicht etwas verpfände oder verspreche. Der „ächte Gewissensbiss"[45], das „schlechte Gewissen", diese „unheimlichste und interessanteste Pflanze unsrer irdischen Vegetation, ist *nicht* auf diesem Boden gewachsen"[46], wenn er auch zu ihrer Entwicklung beigetragen hat.

Nietzsches Hypothese zur Entstehung des schlechten Gewissens ist, dass es der „*Verinnerlichung* des Menschen"[47] geschuldet ist. Das bedeutet, dass sich die Instinkte der Menschen, dieser „der Wildniss, dem Kriege, dem Herumschweifen, dem Abenteuer glücklich angepassten Halbthiere"[48], irgendwann nicht mehr nach außen entladen konnten und sich daher nach innen richten *mussten*. Die Einfriedung des Menschen in die Gesellschaft löste diese Instinktumkehr aus. Und durch diese Umkehr eröffnet sich erst die gesamte innere Welt und entsteht die „Seele", mit ihr beginnt erst die Selbstzerfleischung des Menschen, sein Leiden an sich selbst. Auch hier gehören Gewalt und Zwang zu den notwendigen Vorbedingungen. Denn nicht das langsame Hineinwachsen des Menschen in die Gesellschaft kann eine Richtungsumkehr seiner Instinkte bewirken, vielmehr würden sie sich auf diesem Wege langsam wandeln; nur eine abrupte Verhinderung ihrer gewohnten Entfaltung nach außen vermag dies.

> Die Feindschaft, die Grausamkeit, die Lust an der Verfolgung, am Überfall, am Wechsel, an der Zerstörung – Alles das gegen die Inhaber solcher Instinkte sich wendend: *das* ist der Ursprung des „schlechten Gewissens".[49]

Diesen Überlegungen folgend, sieht Nietzsche den ältesten „Staat" als furchtbare Tyrannei, als Form, die irgendeine Eroberer- oder Herrenrasse über eine der Zahl nach vielleicht ungeheuer überlegene, aber noch gestaltlose, noch schweifende Bevölkerung legt.[50] Der dadurch eingesperrte Instinkt der Freiheit ist das schlechte Gewissen in seinem Anbeginn.[51]

Der starke, selbstherrliche, aktive Mensch, die Bestie Mensch, die sich um ihre Wirkungen keine Gedanken macht, der ihr Wirken jedoch alles ist – das ist hier die schöpferische Kraft im Guten und im Bösen, „gewaltthätig in Werk und Gebärde"[52]. Die geborenen Herren sind es, die den „ersten Staat" organisieren, die Sklaven machen und so das Ressentiment züchten, an das nunmehr das schlechte Gewissen und alle „Geistigkeit" heranwächst, da sich die Instinkte „unter dem Druck ihrer Hammerschläge"[53] nur noch gegen ihre Inhaber selbst, nach innen, richten können.

An dieser Stelle wird nun auch ein anderes „moralisches Vorurteil" ausgeräumt. Es sagt, Recht und Gerechtigkeit seien eine Sache des Ausgleichs zwischen Herren und Sklaven oder Herrschern und Beherrschten und also dem „Kampf" des Ressentiments um „seine Rechte" geschuldet.

Die Wertsetzungen des Ressentiments und ihr Ergebnis, die Sklaven-Moral, sind aber – wie im vorigen Abschnitt ausgeführt – reaktionär, ein „Nein" zu einem bestehenden „Ja". Von daher könnte es das Ressentiment auch hier lediglich zur Schöpfung eines negativen Wertes bringen. Die Reaktion bringt es also höchstens zur Erfindung der *Un-Gerechtigkeit*. Ihre Vorstellung von „Gerechtigkeit" entwirft sie von daher, ebenso wie sie ihren Grundwert „gut" erst aus dem Urteil „böse" abzieht. Die „Gerechtigkeit" des Ressentiments will Gleichheit zwischen Ungleichen.

Gerechtigkeit aber ist vielmehr Gleichen Gleiches und Ungleichen Ungleiches[54] zuerkennen. Sie bedarf eines kühlen, klaren Blickes und eines unbefangenen und maßvollen Urteils. Gerechtigkeit ist daher wohl dort am wenigsten zu erwarten, wo die Verletzung, die Ohnmacht und der Mangel an Freiheit am größten sind, dort, wo der Blick beinahe notwendig verstellt ist.

> Der *letzte* Boden, der vom Geiste der Gerechtigkeit erobert wird, ist der Boden des reaktiven Gefühls![55]

In ihrem (historischen) Anfang ist Gerechtigkeit für Nietzsche

> der gute Wille unter ungefähr Gleichmächtigen, sich mit einander abzufinden, sich durch einen Ausgleich wieder zu „verständigen" – und, in Bezug auf weniger Mächtige, diese unter sich zu einem Ausgleich zu *zwingen*.[56]

Im Gegensatz zu dem Vorurteil, welches Recht und Gesetz ursprünglich als Schöpfung des Ressentiments versteht oder als moralisches Phänomen ausdeutet, welches von „höheren Werten" zeugt, sieht Nietzsche darin die Bestrebung einer herrschenden Macht, „der Ausschweifung des reaktiven Pathos Halt und Maass zu gebieten"[57]. Rache und Willkür werden dadurch in Schranken gewiesen, dass die herrschende Macht erklärt, „was überhaupt unter ihren Augen als erlaubt, als recht, was als verboten, als unrecht zu gelten habe"[58]. Gesetze und das auf ihnen beruhende Recht (für Nietzsche gibt es kein anderes), sind Ordnungsinstrumente der Macht und Diener des Willens zur Macht, Mittel der größeren Macht, die, im Kampf von Machtkomplexen, kleinere Mächte zum Ausgleich zwingen und so die Schaffung immer größerer Machteinheiten fördern.[59]

Die Römer ließen den von ihnen Unterworfenen ihre Sitten und Bräuche, Recht aber war Römisches Recht oder, um ein aktuelleres Beispiel heranzuziehen: Natürlich haben die Deutschen nach dem Zweiten Weltkrieg ihr „Grundgesetz" selbst geschrieben, diktiert haben aber in Ost und West die Sieger und es ging in beiden Fällen offensichtlich darum, größere Machteinheiten zu schaffen.

Es gibt kein Recht ohne eine Macht, die es setzt und durchsetzt, und es wäre also Unsinn zu sagen, die Macht sei um des Rechtes Willen da und nicht, umgekehrt, das Recht um der Macht willen. Dies hieße, die Ursache mit der Wirkung zu verwechseln.

Wie schon im Zusammenhang mit der Erörterung der beiden grundlegenden Wertungsweisen „Gut und Böse", „Gut und Schlecht" findet sich auch hier, in der zweiten Abhandlung *zur Genealogie der Moral*, ein Wink in Richtung auf den Übermenschen. Erst durch die Entwicklung des schlechten Gewissens und der damit notwendig verbundenen Entfaltung der „inneren Welt", sagt Nietzsche, erweckt der Mensch

    für sich ein Interesse, eine Spannung, eine
Hoffnung, beinahe eine Gewissheit, als ob mit ihm
sich Etwas ankündige, Etwas vorbereite, als ob
der Mensch kein Ziel, sondern nur ein Weg, ein
Zwischenfall, eine Brücke, ein grosses Versprechen sei...[60]

Und Zarathustra sagt:

    Der Mensch ist ein Seil, geknüpft zwischen
Thier und Übermensch, - ein Seil über einem Abgrunde.
    [...]
    Was gross ist am Menschen, das ist, dass er
eine Brücke und kein Zweck ist: was geliebt werden kann am Menschen, das ist, dass er ein *Über-
gang* und ein *Untergang* ist.[61]

DIE BEDEUTUNG ASKETISCHER IDEALE

Von der Bestie Mensch, von „der solitären Raubthier-Species Mensch"[62], den selbstherrlichen Wertsetzern, den geborenen Herren war schon die Rede. Aber ebenso wie der Mensch, stark und gesund, das aufsteigende Leben repräsentiert, so stellt er oft genug auch das kranke Tier vor.

    Der Mensch ist kränker, unsicherer, wech-
selnder, unfestgestellter als irgend ein Thier
sonst, daran ist kein Zweifel, - er ist *das* kranke Thier[63]

Mit der Frage nach den asketischen Idealen, nach dem Grund ihrer Bedeutung für den Menschen und nach ihrer Bedeutung in Hinsicht auf die Entwicklung von Werten und Moralen wendet sich Nietzsche nunmehr den Folgen der Krankheit zu.

Ebenso wie der „Staat" als Organisationsform, die das Starke dem Schwachen aufnötigt, ein wesentliches historisches Faktum darstellt und in seiner Bedeutung, seinem Quantum an Wirkung, ausgewiesen ist, steht die Bedeutung des asketischen Ideals außer Frage. Nietzsche verweist zum Beleg auf die altindische Philosophie der Veden, den Buddhismus und, nicht zuletzt, auf das Christentum. Alle drei spiegeln asketische Ideale wider. Was aber verbirgt sich dahinter? Warum tritt dieses Ideal immer wieder so mächtig hervor?

Um sich dem asketischen Ideal zu nähern, ist nun, gemäß dem oben aufgestellten Satz, dass es keinen Wert gibt, der nicht an einem Leben klebte, eben dasjenige Leben auszumachen, in welchem das asketische Ideal seine Wurzel hat, in und aus dem es wächst. Nietzsche schließt hier zuerst die Künstler und zunächst die Philosophen aus. Bei beiden Typen finden sich zwar Momente von Askese, jedoch bedienen sie sich lediglich des Ideals, sie sind nicht seine „Erfinder". Der Blick fällt auf den asketischen Priester – und unter diesem Namen werden nun die physiologischen Bedingungen des asketischen Ideals begriffen.

In der Erscheinung des asketischen Priesters zeigt sich oberflächlich zunächst der Kampf des Lebens gegen das Leben selbst. Der Asket verneint scheinbar das Leben oder zumindest all die Momente, die es notwendig ausmachen: die Leiblichkeit, den Schmerz, das Streben, die Begierden, nicht zuletzt die geschlechtlichen, zuletzt selbst die Vernunft, der die Fähigkeit abgesprochen wird, „die Wahrheit" (hinter den Dingen), die Dinge an sich zu erkennen[64].

Mit dieser Bestandsaufnahme, die in gewisser Hinsicht das asketische Ideal definiert, befinden wir uns jedoch am Ende. Wir sind bei den Folgen, dem, was sich zeigt, und dies mit den Ursachen zu verwechseln, wäre einer der *vier großen Irrtümer*[65], die Verwechslung der Folgen mit den Ursachen. Es geht um die Wachstumsbedingungen des asketischen Ideals, um den Humus, aus dem es wächst. Als solchen aber den Kampf des Lebens gegen das Leben selbst zu verstehen, ist für Nietzsche

„physiologisch [...] nachgerechnet, einfach Unsinn."[66] Vielmehr drückt sich mit den Idealen des asketischen Priesters der Wunsch nach einem Anders-Sein, Anderswo-Sein aus, und zwar in höchsten Graden[67]. Wo aber könnte dieser Wunsch größer sein als in einem Leben, welches zum Leben zu schwach ist oder in seinem Leben, in seinem Sich-Ausleben verhindert? Der asketische Priester predigt gemäß diesem Wunsche ein anderes Leben, eine andere Welt, die „wahre Welt" und formuliert so die Bedingungen, unter denen sich das schwache Leben halten kann.

> *Das asketische Ideal entspringt dem Schutz- und Heil-Instinkte eines degenerirenden Lebens*[68]

Und gemäß diesem Ursprung werden der Priester zum Anwalt und das asketische Ideal zum „Recht" der ganzen „Heerde der Missrathnen, Verstimmten, Schlechtweggekommnen, Verunglückten, An-sich-Leidenden jeder Art"[69] und halten diese im Leben fest.

> *Dieser asketische Priester, dieser anscheinende Feind des Lebens, dieser Verneinende, – er gerade gehört zu den ganz grossen conservirenden und Ja-schaffenden Gewalten des Lebens...*[70]

Die Krankhaftigkeit im bisherigen Typus des Menschen, sein Zum-Leben-verhindert-Sein, „das physiologische Ringen des Menschen mit dem Tode"[71], das ist der Boden, auf dem und aus dem das asketische Ideal wächst. Die eingangs aufgeworfene Frage, warum das asketische Ideal immer wieder so machtvoll auf den Plan tritt, findet damit ihre Antwort: Die Krankhaftigkeit des Menschen treibt es heraus. Aber ist er nicht zuletzt krank gemacht durch die Ausbrüche seiner eigenen Bestialität?

Nähme man diese Frage zur Antwort, so wäre nicht einmal die Hälfte der Rechnung erfasst. Die Bestie macht nicht krank, sie unterwirft, fordert zum Kampf, ordnet, sie verletzt und vernichtet und wirkt damit eher selektiv. Die „Furcht vor dem Menschen [...] hält den wohlgerathenen Typus Mensch *aufrecht.*"[72] Was die Krankheit zuerst im Leben hält, sind der asketische Priester und das asketische Ideal selbst. Von den Kranken droht daher dem Menschen die größte Gefahr – und zwar dadurch, dass sie die Gesunden zuletzt noch krank machen, indem sie

> ihr eignes Elend, alles Elend überhaupt den Glücklichen *in's Gewissen* [...] *schieben:* so dass diese sich eines Tags ihres Glücks zu schämen begönnen und vielleicht unter einander sich sagten: „es ist eine Schande, glücklich zu sein! es giebt zu viel Elend!"[73]

Hier lauern *Mitleid* und *Ekel,* diese beiden größten aller Gefahren. Je mehr sich das Urteil verfestigt, dass die Wohlgeratenen die „Schuld" an der Krankhaftigkeit tragen, umso größer wird die Skepsis gegenüber der Tat. Man wagt vielleicht zuletzt nicht mehr, überhaupt noch etwas zu wollen, und der Mensch gibt sich als Menschen auf. Überall lauert die Gefahr, hinter jeder Tat lachen Elend und Unheil und hinter jede Stirn schreibt das asketische Ideal „nicht mehr wollen, nicht mehr tun, lass fahren dahin" – Nihilismus.

So würde zuletzt der Kampf des Lebens mit dem Tode sich doch noch dahin verkehren, zum Kampf gegen das Leben selbst zu werden. Wenn die Ideale der Askese, Krankenideale, am Ende ganz zur Herrschaft kämen, dann wäre alles vorbereitet zum *letzten Menschen,* der alles klein macht[74].

Dennoch, dass das Leben sich gegen das Leben selbst wendet, ist Unsinn, wie Münchhausens Schlange, die sich vom Schwanz her selbst auffrisst. In dem ganzen Phänomen des asketischen Priesters müssen sich also Momente finden, die, wenn sie auch das Leben nicht aktiv fördern, doch für dasselbe von Bedeutung sind. Zuerst, wie sich gezeigt hat, wird mit ihm Leben erhalten. Eine Welt des Heils und der Milde wird gebaut, um den Leidenden und Schwachen das Dasein überhaupt zu ermöglichen. Der Priester nimmt seine Herde aus dem rauen Wind und gibt den Widersacher aller rauen Winde. Er trennt damit die Kranken von den Gesunden und besorgt innerhalb dieser Welt des Heils – „das Wort „Kirche" ist dafür der populärste Name"[75] – die Milderung des Leidens. Damit ist für das Leben zumindest so viel gewonnen, dass die lebendigen Einwände gegen das Leben aus dem Blick der Starken und Lebensgewissen genommen werden, dass die Gesunden vor den Kranken geschützt werden. Hierin sieht Nietzsche die „ungeheure historische Mission"[76] des asketischen Priesters.

Sein größtes Kunststück besteht aber darin, die Richtung des Ressentiments zu verändern. Und unter den Kranken herrscht ein Ressentiment sondergleichen. Hier gibt es so viel Leid, das nach seinen Gründen sucht, so viel Missmut und Rachegelüst der Schwächsten, so viel „Verlangen [...] nach *Betäubung von Schmerz durch Affekt*"[77]. Den Deckel auf diesem brodelnden Kessel zu halten, darin besteht die Kunst des Priesters, und hierzu erfindet er seine Heilsmechanismen von der Betäubung der Affekte durch Arbeit über die Narkose durch Trost bis hin zum perfidesten Trick, der Rückwendung der Gier des Kranken nach einem Schuldigen für sein Unglück auf den Kranken selbst.

„Ich leide: daran muss irgend Jemand schuld sein" – also denkt jedes krankhafte Schaf. Aber sein Hirt, der asketische Priester, sagt zu ihm: „Recht so, mein Schaf! irgend wer muss daran schuld sein: aber du selbst bist dieser Irgend-Wer, du selbst bist daran allein schuld, – *du selbst bist an dir allein schuld!*" . . . Das ist kühn genug, falsch genug: aber Eins ist damit wenigstens erreicht, damit ist, wie gesagt, die Richtung des Ressentiment – *verändert*.[78]

Auf den Ursprung des schlechten Gewissens ist im vorigen Abschnitt hingewiesen worden, hier finden wir nun die Ursachen, welche die innere Welt vollends zur Blüte treiben.

Die Schuld an seiner Krankheit dem Kranken selbst untergeschoben, wütet er nun gegen sich selbst und sucht zuletzt gar die „Schuld" an sich selbst bezahlt zu machen. Man zermartert sich nicht nur das Hirn, sondern peinigt gar seinen eigenen Leib, diese „Wurzel allen Übels". Zuletzt scheut man sich selbst nicht einmal mehr, auch anderen „armen Sündern" dabei „zu helfen". Foltern und Grausamkeiten aller Art werden erfunden, um sich und andere von der „Schuld" zu befreien, gemäß dem ältesten und falschesten aller Irrtümer: „*Alles* kann abgezahlt werden"[79].

Für Nietzsche besteht kein Zweifel, all diese Medikamente wurden mit dem besten Gewissen verabreicht und keins dieser Medikamente hat die Kranken gesünder oder die Schwachen gar stärker gemacht. Wenn sich jemand am gründlichsten vergriffen hat, dann der asketische Priester und in seinem Gefolge der Christ. Nietzsche resümiert:

```
Der asketische Priester hat die seelische
Gesundheit verdorben, wo er auch nur zur Herr-
schaft gekommen ist, er hat folglich auch den
Geschmack verdorben in artibus et litteris, - er
verdirbt ihn immer noch. „Folglich"?[80]
```

... ist er abzuschaffen.

Was bedeuten asketische Ideale? Worauf weisen sie hin? Sie verweisen auf einen Willen zum Nichts. Wo er entspringt und wohin er führt, ist soeben angedeutet worden. Worauf verweist aber all das darüber hinaus? Zuletzt auf einen Willen, der ein Ziel sucht, etwas, worin er aufgehoben ist.

„Sinn ist das, worin sich Verständlichkeit von etwas hält", war oben mit Heidegger gesagt. „Was ist der Sinn des Menschen, was ist mein Sinn?" – so haben sich wohl die ersten Auf-sich-selbst-Zurückgeworfenen gefragt. Und so fragt sich heute immer noch jeder, sobald er auf sich selbst zurückgeworfen wird, ob durch Schwäche, Krankheit oder Übermacht. Das asketische Ideal bot einen Sinn ... die Verwirklichung einer wahren Welt, einer guten Welt, einer heilen Welt ... ein Ziel, welches sich Zeiten, Völker, Menschen unerbittlich auf sich selbst hin auslegt und keine andere Auslegung, kein anderes Ziel gelten lässt, es verwirft, verneint, bejaht, bestätigt allein im Sinne seiner Interpretation. Und gab es je ein zu Ende gedachteres System von Interpretation?[81] Ganze Geschlechter haben über Jahrtausende daran gearbeitet und arbeiten noch heute daran. Sie arbeiten, ob sie es wissen oder nicht, an der Verkleinerung des Menschen, so lautet Nietzsches Einwand gegen dieses „eine Ziel", welches das größte der bisherigen Menschheit war (und ist). Aus ihm nahm der Mensch sein Selbstverständnis, abgesehen selbstredend von denen, die zu aller Zeit stark genug dazu waren, sich selbst Verpflichtung zu sein, die ihr Ziel aus sich selbst schöpften und schöpfen, die keine Wahrheit „hinter" *ihrer* Wahrheit nötig hatten und haben. Diejenigen, welche gerade im Verhältnis gegen die „Guten und Gerechten" des asketischen Ideals einen übermenschlichen Typus darstellen. Sie sind es, die die Frage wagen, welche jener römische Statthalter Pilatus etwas höhnisch in den Mund nahm: „Was ist Wahrheit?"

Und damit zum letzten Wink, den Nietzsche in der dritten Abhandlung zur Genealogie der Moral gibt.

Die moderne Wissenschaft ist gefeiert worden und wird gefeiert als die Überwinderin des Glaubens an Gott und göttliches Wunderwerk. Sieht man aber genauer hin, so zeigt sich, dass sie mit ihrer Überschätzung der Wahrheit genauso gut der letzte Verbündete des asketischen Ideals ist, da sie seine Voraussetzungen teilt[82]: „Es gibt eine Wahrheit, würden wir sie nur kennen, dann ... ja, dann ..."

```
     Die Wissenschaft als Mittel der Selbst-
Betäubung: kennt ihr das?[83]
```

FLUCH AUF DAS CHRISTENTUM

Was bedeutet aller Wille zur Wahrheit?[84]

Wahrheit ist das ewig Richtige. Und wahr ist das Reich Gottes. Ist das Reich Gottes aber eine Wahrheit oder ist es nicht vielmehr so, dass die Priester ihren Vorstellungen von einem vollkommenen Leben einfach das Prädikat „wahr" angeheftet haben, so wie man offensichtlich eher subjektiv seinen Freund oder seine Freundin „schön" nennt? Ich denke, Nietzsche würde diese letzte Frage bejahen. Gut, schön und wahr sind die ersten und letzten Werte, die der Mensch zu vergeben hat und alltäglich vergibt; sie verraten, wie er zu den Dingen und Ereignissen steht, welche er so nennt. Sie verbürgen darüber hinaus nichts. Jedoch können bestimmte Wertungsweisen Macht und Übermacht gewinnen, so zum Beispiel die christliche, und dann mögen Menschen Werte vertreten oder besser Wertzuordnungen, welche sie selbst unter Umständen nicht vornehmen würden. Dies ist immer die Stelle, an der die Lüge beginnt. – „Irrthum ist *Feigheit*..."[85]

Die christliche Wertungsweise hat über die letzten 2000 Jahre gesiegt, sie hat die Übermacht gewonnen, daran besteht für Nietzsche kein Zweifel. Und der moderne Mensch ist verlogen, so wie wahrscheinlich nie ein Mensch zuvor. Woran Nietzsche leidet, ist, dass es kaum einer merkt. Nie war die Lüge so unschuldig.

Mit der *Genealogie der Moral*, dieser *Streitschrift*, war der Versuch unternommen, das Irrtümliche in Hinsicht auf den Ursprung unserer Werte und einige „moralische Tatsachen" (wie zum Beispiel der des schlechten Gewissens) offenzulegen. *Der Antichrist*, dieser *Fluch auf das Christentum*[i], knüpft hieran an und gibt dem Übel einen Namen. Das Zur-Übermacht-Kommen einer Wertungsweise wird nun zusammenfassend unter *einem* historischen Ereignis begriffen, welches Vehikel

---

[i] so der Untertitel des Werks

(Transport- und Hilfsmittel) dieses Prozesses ist – dem Christentum.

WORUM ES GEHT

> Nicht, was die Menschheit ablösen soll in
> der Reihenfolge der Wesen, ist das Problem, das
> ich hiermit stelle (– der Mensch ist ein *Ende* –):
> sondern welchen Typus Mensch man *züchten* soll,
> *wollen* soll, als den höherwerthigeren, lebenswürdigeren, zukunftsgewisseren.[86]

Zur Genealogie der Moral schließt, wie eben kurz nachgezeichnet, mit einem Blick auf asketische Ideale. Das Buch endet mit einem Fragezeichen das Gegenideal des asketischen Ideals betreffend. Der *Antichrist* wird mit dem Umriss eines solchen eröffnet und mit dem Licht dieses neuen Ideals auf den Vormittag der Menschheit zurückschauend, wird mit dem alten Ideal abgerechnet – Gott ist zu diesem Zeitpunkt längst schon tot, jetzt wird er, samt dem, was er zurückließ, endgültig ad acta gelegt. Platz für Neues! Es ist Mittag!

„Altes Ideal", „neues Ideal"? In Erinnerung an den Satz, dass es keinen Wert gibt, der nicht an einem Leben klebte, wird deutlich, das damit ebenso gut von einem „Typus Mensch" gesprochen ist. *Die Personenchiffre für den „neuen" Typus heißt „Übermensch"*[87]. Dass aber der Übermensch, als Person des neuen Ideals, den Vertretern und Verfechtern des alten Ideals furchtbar scheinen muss, wird schon nach einem ersten Blick auf das neue Ideal deutlicher werden. Sofern man als moderner Mensch fast unvermeidlich selbst noch viel zu viel von dem alten Ideal verinnerlicht hat, wird man sich selbst angegriffen fühlen.

> Was ist gut? – Alles, was das Gefühl der Macht, den Willen zur Macht, die Macht selbst im Menschen erhöht.
> Was ist schlecht? – Alles, was aus der Schwäche stammt.
> Was ist Glück? – Das Gefühl davon, dass die Macht *wächst*, dass ein Widerstand überwunden wird.
> *Nicht* Zufriedenheit, sondern mehr Macht; *nicht* Friede überhaupt, sondern Krieg; *nicht* Tugend, sondern Tüchtigkeit (Tugend im Renaissance-Stile, virtù, moralinfreie Tugend)
> Die Schwachen und Missrathnen sollen zu Grunde gehen: erster Satz *unsrer* Menschenliebe. Und man soll ihnen noch dazu helfen.
> Was ist schädlicher als irgend ein Laster? – Das Mitleiden der That mit allen Missrathnen und Schwachen – das Christenthum...[88]

So weit das neue Ideal, der neue Typus Mensch – im Umriss.

Man sollte hier nicht Dunkelheit fürchten und Grausamkeit ahnen, man sollte nicht Angst, sondern Mut haben und sich erinnern, dass es nicht der Starke ist, der nach unten tritt und nach oben vergiftet, sondern der Schwache, dass es nicht darum geht, die Bestie zu reanimieren, sondern das schändliche Trugbild über sie loszuwerden und das alte Ideal als eben solches zu erkennen.

Der *große Mittag* ist lang. Nietzsche schätzte, dass es, von ihm an gerechnet, wohl gut 200 Jahre dauern dürfte, bis wir damit in Europa durch sind[89], bis wir die christliche Moral vollends abgeschüttelt haben. Die Hälfte des Wegs ist also vielleicht schon gemacht.

Die christliche Wertungsweise hat im Kampf um die Auslegung des Daseins den Sieg davongetragen. Es sind décadence-Werte, Werte des verfallenden, niedergehenden Lebens, die damit obsiegt haben. Die Verwirklichung einer sittlichen

Weltordnung stand zuletzt auf den Fahnen des „Sklavenaufstandes der Moral". Gott galt bereits als überwunden, als die Französische Revolution gleiche Rechte für alle forderte, aber es war das asketische Ideal, der Wille zum Nichts, der sich damit von Neuem zur Herrschaft aufschwang und den modernen Europäer einen Schritt weiter in Richtung Nihilismus führte[90]. Frankreich hatte (zum Glück) Napoleon, diesen letzten „Fingerzeig zum *andren* Wege"[91], und kam mit einem blauen Auge davon. Deutschland hatte nicht so viel Glück. Hier wurde mit Schopenhauer das Mitleid zur Tugend[92], mit Kant aus der Realität eine „Scheinbarkeit" gemacht und mit der intelligiblen Welt ein Schleichweg zum alten Ideal, zur „wahren Welt" geöffnet[93]. Das Übrige tat die allzu ausschließliche Ernährung mit Zeitungen, Politik, Bier und Wagner'scher Musik, in denen Nietzsche die Ursachen der unableugbaren und bereits handgreiflichen Verödung des deutschen Geistes sah.[94] Es dauerte noch gut 40 Jahre, bis die

> neuesten Spekulanten in Idealismus, die Antisemiten, welche heute ihre Augen christlich-arisch-biedermännisch verdrehn und durch einen jede Geduld erschöpfenden Missbrauch des wohlfeilsten Agitationsmittels, der moralischen Attitüde, alle Hornvieh-Elemente des Volkes aufzuregen suchen[95]

ihre großen Agitatoren fanden und das Ressentiment wieder einmal obenauf kam.

Wie es immer wieder dazu kommen konnte? Warum es immer wieder dazu kam und kommt?

Die lebensfeindliche Tendenz in allen asketischen Idealen äußert sich nicht nur zu Gunsten der Enterbten und Verurteilten des Lebens, sondern hält die Fülle des Missratenen aller Art im Leben fest.[96] Kurz: „Das Mitleiden der That mit allen Missrathnen und Schwachen – das Christenthum"[97] fungiert „ebenso als *Multiplikator* des Elends wie als *Conservator* alles

Elenden [und ist somit] ein Hauptwerkzeug zur Steigerung der décadence – Mitleiden überredet zum *Nichts!*"[98]

„Christliche Wertungsweise", „asketische Ideale", „Wille zum Nichts", „Sklavenaufstand in der Moral", „Theologen-Instinkt", „Heiligkeit", „Demokratie", „sittliche Weltordnung", „Idealismus", „Philosophie" – dies alles sind Namen und Worte, die auf ein und dieselbe Sache zurückweisen, die Ausdruck für die unzähligen Gesichter ein und derselben Sache sind und die nicht zuletzt ein und dieselbe Sache befördern – die „*Verdorbenheit* des Menschen"[99].

All das zeigt verächtlich mit dem Finger auf die Wirklichkeit und natürlich nicht auf sich selbst: Der Christ, der Asket, der Nihilist, der Sklave, der Theologe, der Heilige, der Demokrat, der sittliche Weltbürger, der Idealist und der Philosoph – sie alle fühlen sich über die Wirklichkeit erhaben, haben ein Stück der „wahren Welt" „geschaut" und sehen nun aus ihrer Fiktionswelt verächtlich auf die Wirklichkeit, *sie* sind das Ressentiment gegen die Wirklichkeit und alles Natürliche.

Und woher diese gefühlsmäßige Abneigung, dieses tiefe Missbehagen am Wirklichen?

> Wer allein hat Gründe sich *wegzulügen* aus der Wirklichkeit? Wer an ihr *leidet*. Aber an der Wirklichkeit leiden heisst eine *verunglückte* Wirklichkeit sein . . . Das Übergewicht der Unlustgefühle über die Lustgefühle ist die *Ursache* jener fiktiven Moral und Religion: ein solches Übergewicht giebt aber die *Formel* ab für décadence...[100]

Und diese im Großen zu überwinden und im Kleinen – darum geht es.

WOMIT ES BEGANN

Es begann mit der Transformation eines Gottes aus Not und wurde zur Flucht eines Gottes ins Nichts.

Wie jedes Volk, so hatte einst auch das Volk der Juden seinen eigenen Gott: In Jahve verehrte es die Bedingungen, durch die es obenauf war.[101] Er war Ausdruck seines „Macht-Bewusstseins, der Freude an sich, der Hoffnung auf sich: In ihm erwartete man Sieg und Heil, mit ihm vertraute man der Natur, „dass sie giebt, was das Volk nöthig hat – vor allem Regen"[102]. Jahve war ein Volksgott und Israel war „sein auserwähltes Volk".

Als dieses Volk sich nun in die ärgste Bedrängnis gestellt sah, im Innern zerrissen, von außen bedroht und zuletzt durch Rom zu einem Volk unter Herren gemacht, vollbrachte es jene bisher in der Geschichte der Menschheit unglaublichste aller Schöpfungen: Es kehrte „mit einer furchteinflössenden Folgerichtigkeit"[103] die herrschenden Werte um.

Gut = vornehm = mächtig = schön = glücklich = gottgeliebt, so lautet der vornehme, herrschende Wertkanon.[104] Die Juden aber errieten in dessen Umkehrung eine Macht, mit der man sich gegen „die Welt" durchsetzen kann, sie nahmen aus der zähesten Lebenskraft, aus der tiefsten Klugheit der Selbst-Erhaltung, die Partei aller décadence-Instinkte[105] und sind damit

> das Gegenstück aller décadents: sie haben sie *darstellen* müssen bis zur Illusion, sie haben sich, mit einem non-plus-ultra des schauspielerischen Genies, an die Spitze aller décadence-Bewegungen zu stellen gewusst (– als Christenthum des *Paulus* –), um aus ihnen Etwas zu schaffen, das stärker ist als jede *Ja-sagende* Partei des Lebens. Die décadence ist, für die im Juden- und Christenthum zur Macht verlangende Art von Mensch, eine *priesterliche* Art, nur *Mittel*: diese Art von Mensch hat ein Lebens-Interesse daran,

die Menschheit *krank* zu machen und die Begriffe „gut" und „böse", „wahr" und „falsch" in einen lebensgefährlichen und weltverleumderischen Sinn umzudrehn.[106]

Das Christentum aber hat nicht nur seine Wurzel im Judentum, sondern ist darüber hinaus seine logische Fortführung.

Gott wird von einer Chiffre für die Selbstverehrung zu einem Mittel der Macht in der Hand der Priester. Solange er Volksgott war, bat man um seinen Beistand, jetzt kennt man seinen Willen. Der aber ist nichts anderes als der Wille der Priester, zur Macht über die Herren zu kommen. Alles wird nun nach diesem Willen ausgelegt, der nunmehr der Wille Gottes heißt. Zuerst muss sich dazu der Begriff Gottes ändern. Einst Garant für Wohlstand und Macht, wird er nun zum Anwalt alles Kranken, Schwachen und Niedergetretenen. Er wird von der Bedingung für das Obenauf-Sein zur Rechtfertigung für das Am-Boden-Liegen. *Alles, was aufrecht steht, wird suspekt.*

Jetzt, da Gott einen Willen hat und seine ausgezeichneten Schäflein, verspricht er auch – und verflucht – seinen Schäflein das Himmelreich (was könnte er ihnen auch, als Gott der Ohnmächtigen, noch für diese Welt versprechen); allem aber, was nicht Schaf ist, was sich nicht seiner Gnade unterwirft, sondern noch einen Willen, einen eigenen Willen hat, droht die Hölle. Jedes Aufbegehren gegen die Ohnmacht wird zur Sünde gegen Gott. Das Unglück legt der Priester, im Namen Gottes, als Strafe für das Aufbegehren gegen ihn aus – „mag das Schaf doch in seiner Seele wühlen, es wird schon einen Grund finden" –, das Glück erklärt er zum Lohn für Gehorsam. Solange es nötig ist, behält sich selbst „Gott" einen Rest Realismus vor und lässt „dem Kaiser, was des Kaisers ist", „man will *nur* die „Seele""[107].

Jener arme Thor, den man den Sohn dieses neuen Gottes nannte, muss so verunglückt, so ohnmächtig gewesen sein, dass er zu keinem Begehren, gar keinem Begehren mehr fähig war. Er setzte unfreiwillig all dem die Krone auf. Hier Nietzsches Psychogramm zu seinem Wesen:

> Wir kennen einen Zustand krankhafter Reizbarkeit des *Tastsinns*, der dann vor jeder Berührung, vor jedem Anfassen eines festen Gegenstandes zurückschaudert. Man übersetze sich einen solchen physiologischen habitus in seine Letzte Logik – als Instinkt-Hass gegen *jede* Realität, als Flucht in's „Unfassliche", in's „Unbegreifliche", als Widerwille gegen jede Formel, jeden Zeit- und Raumbegriff, gegen Alles, was fest, Sitte, Institution, Kirche ist, als Zu-Hause-sein in einer Welt, an die keine Art Realität mehr rührt, einer bloss noch „inneren" Welt, einer „wahren" Welt, einer „ewigen" Welt . . . „Das Reich Gottes ist *in euch*"...¹⁰⁸

> *Die Instinkt-Ausschliessung aller Abneigung, aller Feindschaft, aller Grenzen und Distanzen im Gefühl*: Folge einer extremen Leid- und Reizfähigkeit, welche jedes Widerstreben, Widerstreben-Müssen bereits als unerträgliche *Unlust* (das heisst als *schädlich*, als vom Selbsterhaltungs-Instinkte *widerrathen*) empfindet und die Seligkeit (die Lust) allein darin kennt, nicht mehr, Niemandem mehr, weder dem Übel, noch dem Bösen, Widerstand zu leisten, – die Liebe als einzige, als *letzte* Lebens-Möglichkeit...¹⁰⁹

Im „Erlöser" wurde die Begriffsspinne vom Kranken-, Ohnmächtigen- und Schwachen-Gott ganz unversehens Wirklichkeit. Plötzlich stand das Mittel, das Werkzeug leibhaftig da und die Priester waren beunruhigt. Da war er, der König der Juden, den ihre Not erfunden hatte als ihre Krücke zur Macht. Es war vielleicht eine Dummheit sondergleichen, dass sie ihn nicht selbst heilig gesprochen haben. Er hätte ihnen nicht geschadet, sie hätten mit ihm machen können, was sie wollen, hätten sie ihn durchschaut. Aber sie hatten Angst und glaubten selbst schon zu sehr an ihre eigene Erfindung. Sie nagelten ihn ans Kreuz und so konnte sich in aller Unschuld jemand anderes seiner bemächtigen. Als Mittel stand er jetzt ja wieder *frei* zur Verfügung. Das nächste Missverständnis war vorbereitet. Aus der décadence hatte man die Heiligkeit gelesen – „Nicht widerstreben!".

Gottes Wille war schon erfunden, man konnte sich an demselben versündigen und Buße tun, die Strafe sich selbst geben, sich dem Ideal gleicher machen, kranker machen. Leiden hieß sühnen. Das Leiden des Heiligen aber konnte niemals die Sühne *seiner* Schuld sein, er hatte sich in nichts widersetzt. Er muss, wenn sein Leiden irgendeinen Sinn haben sollte, für die Schuld und die Sünden anderer gelitten haben. Der größte Ablasshandel der Welt, von Gott selbst initiiert, seinen Sohn für die Schuld der Welt gegen ihn ans Kreuz genagelt – was für eine Barmherzigkeit! Welch frohe Botschaft: „Wenn's gar nicht mehr anders geht, dann wird der Unschuldigste unter euch geschlachtet." Um hier nicht Misstrauen zu erwecken, half nur noch die Erfindung des ewigen Heils im ewigen Leben – die Unsterblichkeitslehre. Der Folgefehler dieses verhängnisvollsten Irrtums und dazu noch das Versprechen auf Rache, auf das Recht zu richten, den Niedrigsten zugesprochen als Köder für die niedrigsten Instinkte. Der Grundstein des „Dysangeliums"[110] war gelegt und die Herrschaft des Priesters als Ohr und Stimme Gottes gesichert.[111]

Womit? Mit „Null, Begriff und Widerspruch"[112], gewachsen aus der décadence, nur haltbar aufgrund derselben und daher gezwungen, sie aufrechtzuerhalten, gar sie zu mehren, als Mittel zur Macht.

Die Kirche, oder der Meister des asketischen Ideals, will die weltliche Macht nicht – Papst Benedikt XVI. hat es zuletzt Anfang dieses Jahres wieder einmal ausgesprochen. Sie kann sie gar nicht wollen, denn sie hat *der Welt* nichts zu bieten. Verantwortung für das *wirkliche* Gedeihen widerstrebt der Kirche zutiefst – instinktiv. Man weiß, auf welchem Boden man steht, was man braucht, um oben zu bleiben – breites Leid.

Und man fördert daher allerlei Unholde oder lässt sie gewähren.

WAS DARAUF FOLGTE

Die Toleranz der Stärke wurde Rom zum Verhängnis. „Lasst sie doch ihre Götter anbeten, die Mächtigeren sind wir." So mag man in Rom gedacht haben. Man erkannte den Sprengstoff nicht, der in diesem neuen, wahrlich ganz anderen Gott steckte. Zuletzt glaubte man gar, sich mit ihm verbünden zu müssen, und es wurde ein langsamer Tod. Mehr und mehr von der Giftspinne geschwächt, reichten am Ende ein paar germanische Barbaren, um dem Imperium Romanum den Garaus zu machen.[113]

Die Weltflucht ließ alles Weltliche mehr und mehr Schatten werden. Die Wirklichkeit war endgültig zum Schein degradiert. Ein Jenseits war erfunden, in das man alles hineinversprechen konnte, ohne befürchten zu müssen, jemals widerlegt zu werden. Die Moral des Ressentiments hatte sich aus dem Guten der Herrenmoral das Böse herausdestilliert und sich selbst gutgeheißen. Und ebenso wird nun mit der Wirklichkeit verfahren. Es wird nicht mehr die Natur als göttlich erfahren, sondern Gott zum Ursprung aller Natur und zu deren Gegenbegriff erklärt. „Natürlich" wird das Wort für „verwerflich".[114] Noch bei Kant ist es so. Alles Sinnliche wird entwertet. Man erfand schöne Namen, um Probleme zu übertünchen. Den Aberwitz einer creatio ex nihilo hieß man „Schöpfung". Den ganzen Dreck der Welt schob man der sogenannten „Erbsünde" in die Schuhe, dem Willen, zu einem Verständnis der Welt zu gelangen. „Ihr sollt nicht wissen wollen" schreibt Gott als Erstes ins Stammbuch der Menschheit. Aber es half nichts und so musste er den „ersten Wurf" ersäufen[115]. Auch das half nichts und er schlug seinen eigenen Sohn ans Kreuz. Und wenn's wieder nicht hilft, dann wird der Planet vernichtet. – Der Herr hat's gegeben, der Herr nimmt's, wandelt in Lumpen einher und wascht euch ja nicht.

Aber genug! In dieser ganzen Hinsicht muss wohl kaum einem noch etwas bewiesen werden. Paulus selbst schreibt in seinem ersten Brief an die Korinther, in beinahe bewundernswürdiger Offenheit, was hier geschah:

> Denn es steht geschrieben (Jesaja 29,14): „Ich will zunichte machen die Weisheit der Weisen, und den Verstand der Verständigen will ich verwerfen."
> Wo sind die Klugen? Wo sind die Schriftgelehrten? Wo sind die Weisen dieser Welt? Hat nicht Gott die Weisheit der Welt zur Torheit gemacht?
> [...]
> Seht doch, liebe Brüder, auf eure Berufung. Nicht viele Weise nach dem Fleisch, nicht viele Mächtige, nicht viele Angesehene sind berufen.
> Sondern was töricht ist vor der Welt, das hat Gott erwählt, damit er die Weisen zuschanden mache; und was schwach ist vor der Welt, das hat Gott erwählt, damit er zuschanden mache, was stark ist;
> und das Geringe vor der Welt und das Verachtete hat Gott erwählt, das, was nichts ist, damit er zunichte mache, was etwas ist,
> damit sich kein Mensch vor Gott rühme.
> Durch ihn aber seid ihr in Christus Jesus, der uns von Gott gemacht ist zur Weisheit und zur Gerechtigkeit und zur Heiligung und zur Erlösung,
> damit, wie geschrieben steht (Jeremia 9,22.23): „Wer sich rühmt, der rühme sich des Herrn!"[116]

Was etwas ist, das wird zuschanden gemacht. Wer sich rühmt, der rühme sich des Herrn, der da will, dass man nichts ist. – Hier wütet der Wahnsinn, der Wille zum Nichts. Es ist der Wille des Priesters, der darin sein Mittel zur Macht erriet.

> Jener „Gott", den Paulus sich erfand, ein
> Gott, der „die Weisheit der Welt" (im engeren
> Sinn die beiden grossen Gegnerinnen alles Aber-
> glaubens, Philologie und Medizin) „zu Schanden
> macht", ist in Wahrheit nur der resolute *Ent-
> schluss* des Paulus selbst dazu: „Gott" seinen
> eignen Willen zu nennen, thora, das ist urjü-
> disch. Paulus *will* „die Weisheit der Welt" zu
> Schanden machen: seine Feinde sind die *guten* Phi-
> lologen und Ärzte alexandrinischer Schulung –,
> ihnen macht er den Krieg. In der That, man ist
> nicht Philolog und Arzt, ohne nicht zugleich auch
> *Antichrist* zu sein. Als Philolog schaut man näm-
> lich *hinter* die „heiligen Bücher", als Arzt *hin-
> ter* die physiologische Verkommenheit des typi-
> schen Christen. Der Arzt sagt „unheilbar", der
> Philolog „Schwindel"…[117]

Das Christentum hat gesiegt. Es hat sich 2000 Jahre gehalten, mit Lügen und Erfindungen. Eine ganze „Fiktionswelt" hat es aus sich herausgesponnen mit lauter „imaginären Ursachen" (Gott, Seele, freier Wille, unfreier Wille), „imaginären Wirkungen" (Sünde, Erlösung, Gnade, Strafe), „imaginären Wesen" (Gott, Geister, Seelen), einer „imaginären Psychologie" (Reue, Gewissensbiss, Versuchung des Teufels, Nähe Gottes) und einer „imaginären Teleologie" (Reich Gottes, jüngstes Gericht, ewiges Leben).[118] Eine Menge Menschen sind diesem Schwindel aufgesessen und sitzen ihm noch heute auf; und die Philosophen haben fleißig assistiert, verführt von der ewigen Wahrheit bauten sie mit an der Lüge der „sittlichen Weltordnung".

> Was bedeutet „sittliche Weltordnung"? Dass
> es, ein für alle Mal, einen Willen Gottes giebt,
> was der Mensch zu thun, was er zu lassen habe;
> dass der Werth eines Volkes, eines Einzelnen sich
> darnach bemesse, wie sehr oder wie wenig dem Wil-
> len Gottes gehorcht wird; dass in den Schicksalen
> eines Volkes, eines Einzelnen sich der Wille Got-
> tes als *herrschend*, das heisst als strafend und

belohnend, je nach dem Grade des Gehorsams, beweist.[119]

Es geht darum, das Ressentiment aufzufangen, die décadence zu bedienen, denn „lieber will noch der Mensch *das Nichts* wollen, als *nicht* wollen"[120]. Die Schwäche will aufgehoben sein, will unendlich sein, schwach und klein[121]; will ...

dass es irgendwann einmal *Nichts* mehr zu *fürchten* giebt!" Irgendwann einmal – der Wille und Weg *dorthin* heisst heute in Europa überall der „Fortschritt".[122]

Das andere große Mittel der Verführung, welches im Christentum seine Wurzel hat und dessen Folgen Nietzsche für ebenso verheerend hält, ist der Glaube an beziehungsweise der Wille zu einer „irgendwie gearteten" Gleichheit der Menschen oder Seelen. Auch dieser Glaube, dieser Wille, entpuppt sich, geht man ihm nach, zuletzt als der Glaube an oder der Wille zu nichts. Denn es bleibt nichts, denkt man ernsthaft und bis zuletzt dieser „irgendwie gearteten" Gleichheit nach. Man kann sie daher auch ernsthaft nicht wollen, diese Gleichheit. Und dennoch: Auf welcher Fahne moderner politischer Bewegungen stand sie nicht? Und wie viele meinen denn etwas anderes als Gleichheit, wenn sie nach Gerechtigkeit schreien?

IDIOSYNKRASIE VON DÉCADENTS

In den letzten Kapiteln wurden an einigen Stellen Jahrhunderte mit einem Absatz überblickt und Jahrtausende mit einem Satz übersprungen. Eine ungeheure Entwicklung ist schemenhaft nachgezeichnet. Und es ist mit einem solchen Unterfangen wohl am wenigsten dem Anspruch Genüge getan, die sogenannten Fakten zu treffen oder beschreiben zu wollen, was wirklich geschah, in dem Sinne, wer was wann und warum gesagt, getan oder gedacht hat. Man würde Nietzsche falsch verstehen, wenn man meinte, er würde über Jesus oder Paulus sprechen wie über das Datum der Schlacht von Salamis. Es geht vielmehr um psychologische Tendenzen und Wirkmechanismen. Die „Geschichte" ist nur Vehikel, um diese fest- und auszumachen. Nichtsdestoweniger ist all das ernst gemeint und trifft nach Nietzsches Überzeugung die Tatsachen, wobei es unerheblich ist, ob es am Einzelfall „bewiesen" werden kann.

Noch weiter verkürzt geht es um *einen* Tatbestand: den Sieg des niedergehenden Lebens im Kampf mit dem aufsteigenden Leben. Infolgedessen ergibt sich aber, dass zumindest der Mensch der „Kulturgebiete", jeder Art „Europa"[123], das absteigende, niedergehende Leben verkörpert und sich aufgrund seiner Wertvorstellungen keineswegs gegen diese Tendenz stellt. Sie wird vielmehr noch gefördert.

Nietzsche sieht den modernen Menschen an einem Punkt vergleichbar dem, als der Mensch unter den Hammerschlägen irgendeiner „Eroberer- und Herren-Rasse" in den „Staat" gesperrt wurde[124]. An dieser Stelle hatte Nietzsche das Bild von den Wassertieren gebraucht, „als sie gezwungen wurden, entweder Landthiere zu werden oder zu Grunde zu gehn"[125].

> Mit Einem Male waren alle ihre Instinkte entwerthet und „ausgehängt". Sie sollten nunmehr auf den Füssen gehn und „sich selber tragen", wo sie bisher vom Wasser getragen wurden: eine entsetzliche Schwere lag auf ihnen.[126]

Was den modernen Menschen drückt, ist nicht mehr so sehr die Zwangsjacke des „Staates", sondern die beinahe zum Instinkt gewordene Sklaven-Moral. Was nunmehr zwingt, ist nicht die Peitsche, sondern die Einsicht, dass man sein Leben den Werten des Verfalls und Niedergangs „weiht" oder gar selbst etwas Verfallendes oder Niedergehendes ist.

> Der Europäer verkleidet sich *in die Moral*,
> weil er ein krankes, kränkliches, krüppelhaftes
> Thier geworden ist, das gute Gründe hat, „zahm"
> zu sein, weil er beinahe eine Missgeburt, etwas
> Halbes, Schwaches, Linkisches ist...[127]

Natürlich! Wer dies nicht sieht oder empfindet, den betrifft es auch kaum. Aber Nietzsche zumindest ist davon auf das Schwerste betroffen. Denn er sieht sich als denjenigen, der hier zuerst klar gesehen hat, der die Tendenz zum Verfall, den Willen zum Nichts begriff und die Moral als Problem, als Ausdruck dafür und Vehikel dazu erkannte.

Worin er den Menschen von heute schwimmen sieht, so wie damals die Wassertiere im Wasser, das ist die *„unsterbliche Unvernunft"*[128], der Glaube an die Moral. Der Glaube, dass die Moral etwas sei, das einem, würde man es nur richtig erkannt haben, es in seiner Wahrheit treffen, ein für alle Mal sagen könnte, was zu tun oder zu lassen sei. Darauf, so Nietzsche, war der übergroße Anteil philosophischer Bemühungen bisher gerichtet. Und insoweit war die Moral bisher gerade nicht als Problem begriffen. Seit Gott langsam starb, waren es gerade die Philosophen, die diesen Irrglauben aufrechterhielten, indem sie ihn verwissenschaftlichten, und das ist der Grund dafür, dass Nietzsche in seinem *Gesetz wider das Christentum* sagt:

> Das Verbrecherische im Christ-sein nimmt in
> dem Maasse zu, als man sich der Wissenschaft nähert. Der Verbrecher der Verbrecher ist folglich
> der *Philosoph*.[129]

Wie weit Moral in einem durchaus negativen Sinne problematisch ist, zu dieser Einsicht hat sich Nietzsche langsam bewegt. Als Intuition ist sie sicherlich auch schon in seinem Frühwerk, in der einen oder anderen Verkleidung, zu finden, zum Beispiel in den *Unzeitgemäßen Betrachtungen*. Selbst *Die Geburt der Tragödie*, sein erstes Werk, stellt Nietzsche selbst, im

Rückblick, in den Kontext dieser Moralkritik: „Die „Geburt der Tragödie" war meine erste Umwerthung aller Werthe"[130].

In seinem letzten Werk, *Ecce homo*, findet die Moralkritik ihren deutlichsten Ausdruck und Höhepunkt. Nietzsche gibt eine „*Definition der Moral*" und unternimmt damit den Versuch, uns die Moral als Problem aufs Prägnanteste ins Gewissen zu schieben, auf das wir unser Gewissen nicht mehr an sie hängen, sondern uns die Moral selbst zur Gewissensfrage machen. Wer Nietzsches Moraldefinition folgt, wird die „entsetzliche Schwere" erahnen, welche, im Bilde gesprochen, die Wassertiere einst fühlten, als sie gezwungen waren, auf den Füßen zu gehen und sich selber zu tragen. Denn mit der Offenlegung dessen, was unsere bestgeglaubten Grundsätze, unsere Moralkodizes sind, wird der Mensch geradewegs gezwungen, dieses fälschlich als sicher geglaubte Wasser zu verlassen, bevor er darin ertrinkt. Man hat sich nunmehr selbst Werte zu erfinden, man muss „sich selber tragen".

> Der Blitz der Wahrheit traf gerade das, was bisher am Höchsten stand: wer begreift, *was* da vernichtet wurde, mag zusehn, ob er überhaupt noch Etwas in den Händen hat. Alles, was bisher „Wahrheit" hiess, ist als die schädlichste, tückischste, unterirdischste Form der Lüge erkannt; der heilige Vorwand, die Menschheit zu „verbessern" als die List, das Leben selbst *auszusaugen*, blutarm zu machen.[131]

„Deshalb war ich", sagt Nietzsche, „eines Worts bedürftig, das den Sinn einer Herausforderung an Jedermann enthält."[132] *Dieses Wort heißt „Übermensch".*

DIE DEFINITION DER MORAL

Definition der Moral: Moral – die Idiosynkrasie von décadents, mit der Hinterabsicht, sich am Leben zu rächen – und mit Erfolg. Ich lege Werth auf *diese* Definition.[133/i]

Moral ist also:

1. die Idiosynkrasie von décadents
2. die Hinterabsicht, sich am Leben zu rächen, sprich, es zuschanden zu machen
3. der Erfolg dieser Hinterabsicht

Zu 1. Die Überempfindlichkeiten, die nicht allgemein begründbaren heftigen intellektuellen und körperlichen Abneigungen von Im-Verfall-Begriffenen – das ist zum einen Moral. „Ich will nichts sehen!", sagt die Lichtempfindlichkeit, „Gewalt ist nicht meine Lösung!" die körperliche Schwäche, „Ausbeutung ist ein schändliches Mittel!", spricht die Ohnmacht ...

Zu 2. Zunächst ist Moral die Hinterabsicht, sich am Leben zu rächen. Die Konsequenz der eigenen Überempfindlichkeit oder Abneigung wird in eine Forderung an die Welt umgemünzt und so zum Imperativ. Ein jedes „Ich will nicht sehen", „Dies oder jenes nicht tun", „Mich dem einen oder andern enthalten", ein jedes „Nein!", das der Unfähigkeit zum „Ja!" geschuldet ist, wird zur Forderung der Abschaffung dieses jeweiligen Prozesses: „Man sollte überhaupt nicht sehen!", „Man sollte sich der Gewalt enthalten!", „Sexualität ist schlecht!", „Die Ausbeutung gehört abgeschafft!"

---

[i] **I|di|o|syn|kra|sie**, die; -, ...ien (*Med.* Überempfindlichkeit gegen bestimmte Stoffe u. Reize) [Duden]; Umgangssprachlich meint »I.« eine heftige, nicht allgemein begründbare intellektuelle oder körperliche Abneigung gegen Dinge oder Personen. [Metzler Philosophie Lexikon]; **de|ka|dent** ‹lat.› (im Verfall begriffen) [Duden]

Zu 3. Zuletzt – und erst jetzt handelt es sich im vollen Sinne um Moral – wird der subjektive Imperativ zum allgemeinen (von anderen anerkannten) Gesetz des Handelns. Insoweit aber wird Moral notwendig Hemmung und Gift für das fähige Leben, das in seiner Fähigkeit zu sehen, zu lieben, gewaltsam zu sein, auszubeuten, zu schaffen ... kastriert wird. – Die Rache war erfolgreich.

Moral ist also das *erfolgreiche* Mittel der Ohnmacht gegen die Macht. Soweit aber Leben der Wille zur Macht ist, ist die Moral die eigentliche „Giftspinne des Lebens"[134]. Moral ist an sich lebensfeindlich.

Kapitel 3
Leben und Wert

„Leben selbst ist Wille zur Macht"[135].
Moral ist der Erfolg der Ohnmacht über die Macht.
Moral ist an sich lebensfeindlich.

Ohne den ersten Satz ist der dritte, die Essenz des letzten Kapitels, nicht sinnvoll. Es fehlte ohne diesen ersten Satz das, worin sich die Verständlichkeit des dritten halten könnte. Dennoch war es unerlässlich, „unabhängig" von diesem ersten Satz der Moral auf den Grund zu gehen und ihr Wesen und Wirken nachzuvollziehen, um zu dem zweiten Satz, der Brücke zwischen dem ersten und dritten, zu kommen. Dabei war immer schon vom Leben die Rede und unterschwellig der erste Satz zumindest insoweit mitgedacht, als die Sklaven-Moral dem aufsteigenden, strebenden, vorwärts- und über sich hinaus drängenden Leben Feind ist. Es lässt sich letzten Endes nicht leugnen, dass in Nietzsches Moralanalyse in gewisser Weise das Ergebnis vermittels einer grundsätzlichen Wertung in Bezug auf das Leben „von Beginn an" vorweggenommen ist. Nietzsche gibt dem Leben – oder besser: dem Verständnis des Lebens als Wille zur Macht – den Vorrang. Und es stellt sich von daher vielleicht die Frage, ob er sich den Begriff des Lebens nicht aus seiner Moralkritik zurechtgemacht hat. Diese Frage mag wiederum dazu verführen, eine Art Zirkelschluss zu unterstellen und also zu meinen, dass sich „Moral" und „Leben"

Leben und Wert

wechselseitig bestimmen und in Bezug auf beide am Ende nicht wirklich etwas gewonnen wäre:

„Moral ist schlecht, sie ist Ausdruck des verfallenden Lebens, gut ist das aufsteigende Leben, das keine Moral kennt." (so Nietzsche)

Wäre das alles, was letzten Endes herumkommt, so wäre damit wirklich nichts gewonnen. Denn es ließe sich ohne Weiteres auch das Umgekehrte hinstellen:

„Moral ist gut, sie ist Ausdruck des aufsteigenden Lebens, schlecht ist das verfallende Leben, das keine Moral kennt." (so what?)

Man könnte, um das Problem zu lösen, auf die vorigen Kapitel mit der Frage verweisen, ob man wohl lieber das Leben eines Julius Cäsar oder das eines Jesus Christus gelebt hätte[i], und hätte so vielleicht einen Anhaltspunkt für eine Entscheidung. Aber gerade um eine Entscheidung (nach Gefühl) geht es hier *nicht*. Es geht vielmehr darum, sich klarzumachen, dass man sich das Leben nicht nach seinen Gefühlen von „gut und schlecht" zurechtmachen kann, sondern dass das Leben selbst die höhere Instanz, das umfänglichere Ereignis ist und dass man mit Blick auf diese höhere Instanz zu einem Verständnis von „gut und schlecht" kommen kann, welches dann wiederum ein Urteil über die Moral (wie definiert) ermöglicht.

Es wird deutlich, dass man Nietzsches Begriff des Lebens braucht, um an dieser Stelle vorwärtszukommen. Denn genauso weit, als man der Rede vom Leben unabhängig von irgendeinem Moralbegriff Sinn oder besser Verständlichkeit abgewinnen kann, wird sich das Problem als Scheinproblem erweisen. Schon ein paar Zahlenspielereien legen die Mutmaßung nahe, dass es sich weitgehend um ein solches handelt.

Der Begriff „*Leben*" ist in Nietzsches Werk der bedeutsamere Begriff, was damit belegt sei, dass er häufiger vorkommt. Setzt man als Suchbegriffe „Moral*" und „leben*", so

---

[i] vom Tod – oder besser, vom Sterben der beiden kann man zur Beantwortung dieser Gewissensfrage ruhig absehen

findet sich der erste an 1.147 Stellen, der zweite an 2.294.[i] Ohne dem allzu viel Bedeutung beizumessen, ist es doch recht interessant, oder wenn man will, lustig, festzustellen, dass man von hier aus mit Hilfe einiger Zusatzannahmen leicht zu dem Satz kommen könnte, dass Moral das halbe Leben sei.

Um noch kurz bei den Zahlen zu bleiben: Würden sich beide Begriffe (in all ihren Nuancen) wechselseitig bestimmen, so sollten sie doch häufig eng beieinander zu finden sein. Das aber ist nicht unbedingt der Fall. Setzt man einen maximalen Abstand von 50 Wörtern, so finden sich beide Begriffe (dieselben Suchkriterien wie oben verwandt) an 210 Stellen beieinander. Bei einem Abstand von maximal 20 Worten sind es lediglich 89 Stellen.

Aber lassen wir die Zahlen beiseite. Moral ist – und in diesem Zusammenhang ist es nicht einmal nötig, Nietzsches Moraldefinition zu teilen – eine Folgeerscheinung des Lebens. Ebenso wie das Erkennen eine Folgeerscheinung des Lebens ist.

> Das Leben ist die höhere, die herrschende Gewalt, denn ein Erkennen, welches das Leben vernichtete, würde sich selbst mit vernichtet haben.[136]

Gleiches gilt in Bezug auf die Moral. Sie ist aus demselben Grund dem Leben nachgeordnet und so sehr es die Moral also vielleicht auch will: „Das Leben ist nun einmal nicht von der Moral ausgedacht"[137], sondern umgekehrt, die Moral vom Leben. Sie muss daher an der Erhaltung der Bedingung ihrer Möglichkeit das höchste Interesse haben; so wie es auch für das Erkennen gilt.

---

[i] zur Auszählung wurden die im Anhang B.I. genannten Schriften zuzüglich „Nietzsche contra Wagner" verwendet. Groß- bzw. Kleinschreibung der Suchbegriffe wurde nicht berücksichtigt. Das Zeichen * steht für beliebig viele Zeichen im direkten Anschluss.

> Das Erkennen setzt das Leben voraus, hat also an der Erhaltung des Lebens dasselbe Interesse, welches jedes Wesen an seiner eigenen Fortexistenz hat.[138]

In Hinblick auf die Moraldefinition wird damit deutlich, dass dieselbe nicht als allgemeinste Bestimmung des Begriffs „Moral" zu verstehen sein kann. Was mit ihr unter Moral verstanden wird, unterläuft ja gerade (per Definition) seine eigenen Bedingungen. Wäre eine so verstandene Moral die einzige auf Handlungen bezogene Folge des Erkennens, ergäbe sich im Zusammenhang mit dem eben Gesagten ein Widerspruch – die angewandte Erkenntnis (Moral) würde das Leben selbst aufheben.

Wir müssen also festhalten: Die „Definition der Moral" bezieht sich ausschließlich auf die Sklaven-, Herden- oder christliche Moral. Auch der Kontext, aus dem sie Nietzsche in *Ecce homo* formuliert, legt diese Einschränkung nahe. Sie ist aber beinahe die einzige und ganze Moral, weil sie, so Nietzsches Einsicht, bisher alles durchseucht(e): „In Lügen der Guten wart ihr geboren und geborgen. Alles ist in den Grund hinein verlogen und verbogen durch die Guten."[139]

Man sollte die Definition daher vielleicht besser als Gesetz verstehen – und zwar als ein Gesetz *für die* Sprache. Das heißt, man sollte ein „Du sollst ..." dann – und nur dann – Moral nennen, wenn es sich auf eine „Idiosynkrasie von décadents" zurückführen lässt. Wenn es der Versuch ist,

> die Thatsache „ich gehe zu Grunde" in den Imperativ [zu] übersetz[en]: „ihr *sollt* alle zu Grunde gehen" – und *nicht nur* in den Imperativ![140]

So lange so etwas Moral heißt, ist es, unter der Perspektive des Lebens gesehen, schlecht. Und nicht etwa, weil damit ein „Zugrunde-Gehen" befördert wird, sondern wegen dem, was dadurch zugrunde gehen wird: das Leben selbst.

Friedrich Nietzsches Übermensch

> Und diess Geheimnis redete das Leben selber zu mir. „Siehe, sprach es, ich bin das, *was sich immer selber überwinden muss*.[141]

„Zugrunde gehen" ist nichts, was sozusagen „aus dem Leben wegführt", und damit irgendwie dem Leben entgegensteht oder abseits von ihm gesetzt ist. Nein! Das Leben selbst ist ein ständiges „Zugrundegehen", der Tod nicht vom Leben verschieden, sondern von ihm umgriffen, einbegriffen – ein „Akzidens".[i]

Was aber wäre, unter der Perspektive des Lebens gesehen, die richtige Moral? Was wäre – und um dem eben aufgestellten *Gesetz für die Sprache* zu folgen, will ich den Begriff „Moral" hier nicht mehr verwenden – eine dem Leben entsprechende Praxis?

„Der Übermensch ist das Leben" war am Ende von Kapitel 1 gesagt. „Wie lebt der Übermensch?" ist nunmehr unsere Frage. Bevor sie aber aufgegriffen werden kann, bleibt, wie gesagt, Nietzsches Begriff des Lebens zu klären. Dass der Übermensch hier aber zu Recht ins Spiel gebracht ist, sei mit einem Rückgriff auf den Ausgangspunkt in Kapitel 1 belegt.

> Diese Art Mensch, [...] concipirt die Realität, *wie sie ist*: sie ist stark genug dazu –, sie ist ihr nicht entfremdet, entrückt, sie ist *sie selbst*, sie hat all deren Furchtbares und Fragwürdiges auch noch in sich, *damit erst kann der Mensch Grösse haben*...[142]

Und *der Übermensch hat Größe*. Er konzipiert die Realität, wie sie ist, er lebt das Leben und vereint all dessen Furchtbares und Fragwürdiges in sich selbst.

---

[i] „Der Name des Bogens ist „Leben" [Bios], seine Tat der Tod." [Heraklit. DK 22 B 48 (Die Vorsokratiker. S. 261)]

WAS LEBEN HEISST

> Was heißt Leben? – Leben – das heisst: fortwährend Etwas von sich abstossen, das sterben will; Leben – das heisst: grausam und unerbittlich gegen Alles sein, was schwach und alt an uns, und nicht nur an uns, wird. Leben – das heisst also: ohne Pietät gegen Sterbende, Elende und Greise sein? Immerfort Mörder sein? – Und doch hat der alte Moses gesagt: „Du sollst nicht tödten!"[143]

> Man hat schlecht dem Leben zugeschaut, wenn man nicht auch die Hand gesehn hat, die auf eine schonende Weise – tödtet.[144]

Der Tod oder das Sterben ist ein Moment des Lebens und nicht ein Weg, der vielleicht ins Nichts führt oder zu Gott, was nur ein anderes Wort für „Nichts" ist. Tod und Sterben sind besser im Begriff des Wandels aufgehoben als in dem Letztgenannten. „Das Nichts" oder „Gott" sind lediglich der letzte Rauch der verdunstenden Realität, das Letzte, Dünnste, Leerste[145], Hirngespinste, unmögliche Abstraktionen. Und einen Fehler begehen die, welche dieses Letzte, Dünnste, Leerste als Erstes und Sicherstes setzen. Das Nichts/Gott wird von ihnen daher nicht nur zu aller Ende, sondern auch zu aller Anfang erklärt. Kreation *aus* Nichts/Gott und Reversion *in* Nichts/Gott ist die dazu gehörige Irrlehre.[i]

Der Satz, der sich gegen sie stellt, lautet: Ex nihilo nihil fit, et in nihilum nihil potest reverti.[ii]

Er ruht auf einer alten und einfachen Einsicht: *Nichts ist nicht!* – Nichts ist einsehbarer, nichts kann man sich leichter klarmachen, nichts findet sich derart immer wieder bestätigt, als das Nichts einfach nicht ist. Die umgekehrte Behauptung

---

[i] z. B. von Sartre in: „Das Sein und das Nichts" ausgewälzt
[ii] frei übersetzt: „Aus Nichts wird nichts und in Nichts vermag nichts sich zu verkehren."

wäre völlig ohne Sinn, Un-Sinn. Das Argument, welches gegen diesen Satz angeführt wird, ist gerade der Beleg seiner Bedeutung. Es beginnt nämlich mit der Frage: „Aber damit sagst, denkst oder unterstellst du doch etwas und behauptest dann, dass es nicht sei. Ist das Nichts nicht also doch irgendetwas, irgendwie?" Mitnichten werden wir darauf antworten, es sei denn: „Siehst du, Nichts ist nicht! Du musst ja selbst diesen Satz erst annehmen, um gegen ihn überhaupt reden zu können. Du machst das Nichts zu etwas."

Was „das Nichts" überhaupt bedeuten kann, welcherart der Begriff überhaupt Sinn gewinnen kann, war oben gesagt: als letzter Rauch der verdunstenden Realität. „Bleibt mir der Erde treu, meine Brüder"[146], möchte man an dieser Stelle mit Zarathustra rufen und zugleich mit Nietzsche warnen: Gebt nicht „diese[r] gefährlichste[n] aller Schlussfolgerungen [nach], welche jedem Romanen eine Sünde wider den Geist ist: credo *quia* absurdum est"[147/ii].

Als Zeugen will ich, ohne mich weiterhin auf Auslegungen einzulassen, Parmenides aufrufen, um einen zweiten Aspekt zu verdeutlichen, der aus der Missachtung des Grundsatzes, dass Nichts nicht ist, seinen Ursprung nimmt.

> Man soll es aussagen und erkennen, dass es Seiendes ist; denn es ist der Fall, daß es ist, nicht aber, dass Nichts ist; ich fordere dich auf, dies gelten zu lassen. Denn der erste Weg der Untersuchung, von dem ich dich zurückhalte, ist jener. Ich halte dich aber auch zurück von dem Weg, über den die nichtswissenden Menschen irren, die Doppelköpfigen. Denn Machtlosigkeit lenkt in ihrer Brust den irrenden Verstand; sie treiben dahin, gleichermaßen taub wie blind, verblüfft, Völkerschaften, die nicht zu urteilen

---

[i] Das Gesagte richtet sich nicht zuletzt gegen Heideggers Versuch zur Restauration einer Metaphysik, die dem Nichts „als Nichts" nachspürt und es zuletzt in Angst und Tod am greifbarsten gefunden zu haben vermeint. (vgl. insbes.: Heidegger. Was ist Metaphysik.)
[ii] frei übersetzt: „Vertrauen schenken, *weil* etwas ungereimt ist"

verstehen, denen das Sein und Nichtsein als dasselbe und auch wieder nicht als dasselbe gilt und für die es von allem eine sich verkehrende Bahn gibt.[148]

Von den Doppelköpfigen, denen Machtlosigkeit in ihrer Brust den irrenden Verstand lenkt, haben wir aus Kapitel 2 ein Bild. Sie schweifen aus der Wirklichkeit in die heilige Nichtigkeit und finden so von allem eine sich verkehrende Bahn. Wie oft sind wir aber zuletzt selbst solche Doppelköpfigen, wie oft treiben wir selbst immer wieder von „der Erde" weg in „reine Begriffe", in „Hoffnungen", ins „Nichts"?

Warum wir das tun? Wir suchen uns damit vom Leiden zu befreien. Das Leben hilft sich selbst damit. Aber aus Kapitel 2 sollte auch deutlich sein, wohin es darüber hinaus führen und dienen kann – zum Nicht-Leben, dem Tod. Man sollte also wissen, was man da tut, und den Satz jenes alten japanischen Kriegers Shinmen Musashi immer wieder beachten.

Man muss zu dem erwachen, was wirklich existiert, um zu verstehen, was nicht existiert.[149]

DIE EWIGE TRAGÖDIE – DIONYSOS UND APOLLON

In diesem Kapitel geht es um Nietzsches Begriff des Lebens. Einige Anhaltspunkte zu seinem Verständnis sind im vorangegangenen schon gegeben worden. In diesem Abschnitt wird nun auf Nietzsches erste Schrift *Die Geburt der Tragödie* zurückgegriffen. Im Engeren wendet sie sich dem Problem der Entstehung der Kunstform der griechischen Tragödie zu. Im Weiteren aber ist sie der Versuch,

> die Wissenschaft unter der Optik des Künstlers zu sehn, die Kunst aber unter der des Lebens...¹⁵⁰

Sie ist außerdem, wie Nietzsche in seinem *Versuch einer Selbstkritik* feststellt, mit der „schwersten Frage" belastet:

> Was bedeutet, unter der Optik des *Lebens* gesehn, – die Moral?¹⁵¹

Oben war gesagt, dass sich das Problem, ob Nietzsche sich seinen Begriff des Lebens als Wille zur Macht aus seiner Moralkritik zurechtgemacht hat, auflösen wird, wenn man der Rede vom Leben unabhängig von irgendeinem Moralbegriff Sinn – oder besser: Verständlichkeit abgewinnen kann. Die Kunst aber, so wie sie in der *Geburt der Tragödie* behandelt wird, ist ein völlig außermoralisches Gebiet. Die Betrachtung der „Kunst unter der Optik des Lebens" kann daher den Begriff des Lebens in Hinsicht auf die Auflösung dieses Problems unverfänglich erweitern und auffüllen. Nebenbei wird sich vielleicht der eine oder andere Wink in Hinsicht auf die Kritik „des Schönen" ergeben. Die Konzentration der Betrachtungen liegt jedoch auf dem Leben. Wie es sich in die Kunst übersetzt oder von ihr gespiegelt wird, ist dazu nachrangig, wichtig ist hier nur, dass es in der Beschreibung des Lebens, wie gesagt, keinen Zusammenhang mit der Moral gibt^i.

Wer, was oder wie ist nun Dionysos, wer, was oder wie ist Apollon? Beide sind alte griechische Götter. Was aber sind Götter?

---

^i Ich will hier eine Stelle nicht verheimlichen, die vielleicht gegen diese Behauptung gewendet werden kann. Im „Versuch einer Selbstkritik", den Nietzsche der „Geburt der Tragödie" voranstellt, heißt es in Aphorismus 5: „*Gegen* die Moral also kehrte sich damals, mit diesem fragwürdigen Buche, mein Instinkt, als ein fürsprechender Instinkt des Lebens, und erfand sich eine grundsätzliche Gegenlehre und Gegenwerthung des Lebens, eine rein artistische, eine *antichristliche*."

Leben und Wert

In Bezug auf den Gott eines Volkes war unter Kapitel 2 erklärt, dass man ursprünglich im Gott sich selbst verehrte, seine Aufstiegs- und Wachstumsbedingungen, seine eigensten Tugenden. Recht anschaulich wird das zum Beispiel an Mars, dem römischen Kriegsgott. Rom lebte vom Krieg, von der Eroberung – und in Mars wurde eben das verehrt und angebetet. Zuletzt stand man also vor Mars im ehrfürchtigen Schauder vor sich selbst. Wofür stehen nun Dionysos und Apollon?

Wenn Nietzsche von ihnen spricht, kommt oft das Wort „Kunsttriebe" zur Verwendung. Da diese „Kunsttriebe" aber „aus der Natur selbst, *ohne Vermittelung des menschlichen Künstlers*, hervorbrechen"[152], kann, solange das Interesse auf „das Leben" gerichtet bleibt und nicht auf die menschliche Kunst, auch bloß von „Trieben" gesprochen werden. Um nun eine Vorstellung von diesen Trieben zu gewinnen, kann man an den *Rausch* und den *Traum* denken. Der Rausch ist das Sinnbild des dionysischen, der Traum das des apollinischen Triebes. Und diese zwei wesentlichen Aspekte des Lebens sind es, die in den Göttern Dionysos und Apollon verherrlicht werden, die unvermittelt aus dem Leben herausbrechen, in die es zurückfällt und denen es sich, als menschliches Leben, bewusst hingeben kann.

Der Traum ist Schein-, Fantasie- und Bilderwelt, „in deren Erzeugung jeder Mensch voller Künstler ist"[153]. Und insoweit sich der Mensch das Leben aus und in den Bildern des Traumes deutet, ist Apollon, „der Gott aller bildnerischen Kräfte, [...] zugleich der wahrsagende Gott"[154]. Er ist daher aber auch der Gott des Scheines. Zum einen in dem Sinne, dass er gleichsam einen Schleier über die Wirklichkeit ausbreitet und sie damit verhüllt, dass aber zum anderen dieser Schleier, indem er sich über die zu lauter Einzelheiten zersplitterte Wirklichkeit legt, diese in einem höheren, übergeordneten Sinn aufhebt, begreifbar macht und erleuchtet. Insoweit ist Apollon eine „Lichtgottheit"[155] und derart wird zuletzt Apollon für Nietzsche zum „herrliche[n] Götterbild des principii individuationis"[156]. Apollon eint, vereint, verhüllt zu einem Ungeteilten[i] und hebt so die Welt und den „Träumenden" in einer Einheit auf. Apollon *treibt* zur „Erlösung im Scheine"[157]. In einem anderen Sinne aber *vereinzelt* Apollon, denn mit der „Erlösung im Scheine" trennt er den Einzelnen, „Träumenden" aus der Wirklichkeit. Tausend Welten werden zu einer in einem – Apollon: das Prinzip der Individuation.

Auch Dionysos ist ein einender Gott, doch er eint in ganz anderer Weise. Dieser Trieb überführt nicht die Wirklichkeit in eine Einheit, er vereint vielmehr alles in der Wirklichkeit. Er zerreißt notwendig jeden Schleier und zieht oder treibt alles Schleierhafte in rohe Wirklichkeit. Leben und Sterben sind eins. Wo Dionysos treibt, reichen sich Nehmen-Wollen und Genommen-werden-Wollen ekstatisch die Hand. Dionysos ist dabei nicht das Treibende oder das Getriebene, sondern der Trieb selbst. Er ist der ewig aus sich selbst rollende Ring des Lebens, ebenso sehr Kinderreifen wie Feuerrad. Wo Dionysos mächtig ist, ist der Mensch

> nicht mehr Künstler, er ist Kunstwerk geworden: die Kunstgewalt der ganzen Natur, zur höchsten Wonnebefriedigung des Ur-Einen, offenbart sich hier unter den Schauern des Rausches. Der edelste Thon, der kostbarste Marmor wird hier geknetet und behauen, der Mensch, und zu den Meisselschlägen des dionysischen Weltenkünstlers tönt der eleusinische Mysterienruf: „Ihr stürzt nieder, Millionen? Ahnest du den Schöpfer, Welt?"[158]

Der schwärmende Ton, welcher vielleicht die Würde dieses Gottes einfangen will, darf hier nicht täuschen. Dionysos ist ein grausamer Gott, er steht nicht nur jenseits von Gut und Böse, sondern auch jenseits von Gut und Schlecht. Das Feuer brennt alles und achtet nichts, es ist un-schuldig, un-

---

[i] von lat. in-dividuus – unteilbar, unzertrennlich

Leben und Wert

vernünftig, gierig will die Flamme nur sich selbst, was von Dionysos ergriffen ist, opfert sich freiwillig, will Flamme sein, Licht werden. Ein Lichtgott ist also auch Dionysos – aber ein ganz anderer als Apollon. Man errät hier vielleicht den Ursprung der „Hölle" und ahnt, was das Leben jenseits des apollinischen „Schleiers" ist. *Der Übermensch ist das Leben. – dionysisch.*

```
Ich rathe, ihr würdet meinen Übermenschen -
Teufel heissen!¹⁵⁹
```

... sagt Zarathustra denen, die den apollinischen Schleier zur Moralkeule umfunktioniert haben und seine Funktion ins Perverse trieben. Mit ihrem Aufruf, das Feuer zu löschen, wollten sie dem Leben selbst den Garaus machen. Aber das ist hinreichend besprochen.

Dass es auch anders geht, zeigen uns die alten Griechen. Ihnen werden die großen Flammen unter den Menschen Heroen. Sie loben noch in der apollinischen Verklärung der Welt die große Verschwendung. Aus dem „ewigen Umsonst"ⁱ – Dionysos kennt kein Warum – wachsen ihnen lauter kleine und große „Für's".

```
Wegen seiner titanenhaften Liebe zu den
Menschen musste Prometheus von den Geiern zerris-
sen werden, seiner übermässigen Weisheit halber,
die das Räthsel der Sphinx löste, musste Oedipus
in einen verwirrenden Strudel von Unthaten stür-
zen¹⁶⁰
```

... und, (für einen vorantiken Griechen) beinahe selbstverständlich, hatte der größte aller Krieger, Achill, ein kurzes Leben – und unsterblichen Ruhm.

ⁱ welches der Quell des Geistes der Schwere ist, den der Schatten des Wanderers und der Zarathustras Schatten auf allen Wegen mit sich trägt. – Es ist das „ewige Umsonst", das Nietzsche als zweite „dionysische Mitgift" nachschleicht. [vgl. insbes. Z. IV. Der Schatten. (4, 338 ff)]

Was heißt leben? Vielleicht geht es Nietzsche in all dem – dem Leben, der Geburt der Tragödie, in Zarathustra, dem Übermenschen, im Fluch auf das Christentum, in seinem ganzen Schaffen – um nicht mehr als diese eine Erkenntnis und diese eine Forderung: Ihr verbrennt ohnehin! Wärmt euch an euren Flammen, trinkt ihr Licht, gebt ihnen einen Sinn, aber – brennt!

„Du grosses Gestirn! [fragte Zarathustra] Was wäre dein Glück, wenn du nicht Die hättest, welchen du leuchtest!"[161]

Nichts wäre dein Glück, kein Glück wäre und du wärst – ein ewiges Umsonst.

Die dionysische und die apollinische Gewalt brechen, wie oben gesagt, aus dem Leben, ohne Zutun des Menschen heraus, und wenn das Leben auch jenseits dieser beiden Triebe anderweitige Bestimmung erfahren kann, so finden sich beide Momente doch notwendig in jedem Leben. Im Großen und Kleinen findet alltäglich jene apollinische Verklärung oder Individuation statt. Die Neurologen sind heute hierfür die besten Fürsprecher. Kein Bild, kein Fühlen, nichts, was wir empfinden, sagen sie, ist ein reines Abbild, alles ist durchtränkt und überlagert durch vorhandene „Muster", „Filter" und dergleichen. Den größten Teil dessen, was wir sehen, *sehen* wir nicht einmal, sondern er wird „von unserem Hirn" ins „Gesicht" projiziert – das entlastet das Sehen. Vom dionysischen Verschmelzen und Einssein wissen die Neurologen vielleicht weniger. Aber man sehe sich nur spielende Kinder oder kämpfende Katzen an, um sich eine Vorstellung davon zu machen. Oder man denke an die eine oder andere Erfahrung aus Sport, Wettkampf oder konzentriertester Arbeit – man geht völlig im Sein auf – man ist, man tanzt. Die japanischen Bogenschützen sagen: „Du musst eins werden mit dem Ziel", um hier nicht zuerst von Sex zu sprechen.

Aber man sollte, wie gesagt, in Bezug auf Dionysos nicht zu romantisch werden. Nietzsche sagt später, aus der *Götzendämmerung* auf *Die Geburt der Tragödie* zurückblickend: Dionysisch, das ist:

> über Schrecken und Mitleid hinaus, die ewige Lust des Werdens *selbst zu sein*, – jene Lust, die auch noch die *Lust am Vernichten* in sich schliesst...[162]

Die Geburt der Tragödie entdeckt im apollinischen Kunstschaffen der alten Griechen deren Weg, mit dem grausamen dionysischen Spiel, in das sie verstrickt waren, das sie selbst waren, fertig zu werden. Zu „allem Land und Meer hat unsre Kühnheit sich den Weg gebrochen, unvergängliche Denkmale sich überall im Guten *und Schlimmen* aufrichtend"[163], sagte Perikles in seiner Leichenrede zu den Athenern. Die Interpretation („unsre Kühnheit", „unvergängliche Denkmale") ist apollinischen, der Fakt dionysischen Ursprungs und aus dem ewigen Wechselspiel beider Triebe wuchs das, was wir heute „die altehrwürdigen Griechen" nennen. Nietzsche:

> Ich vermag nämlich den *dorischen* Staat und die dorische Kunst mir nur als ein fortgesetztes Kriegslager des Apollinischen zu erklären: nur in einem unausgesetzten Widerstreben gegen das titanisch-barbarische Wesen des Dionysischen konnte eine so trotzig-spröde, mit Bollwerken umschlossene Kunst, eine so kriegsgemässe und herbe Erziehung, ein so grausames und rücksichtsloses Staatswesen von längerer Dauer sein.[164]

Hier liegt auch ein Gradmesser für die Kraft und Stärke eines Volkes oder einer Person: Wie viel Dionysos bezwingt Apoll, wie viel Apoll darf Dionysos wagen, wie weit können sich beide wechselseitig hinauftreiben? Versetzen wir uns abschließend mit Nietzsche an einen Ort, an dem man „intuitiv" die wechselseitige Wirkung beider Triebe in ihrer Notwendigkeit greifen kann, zurück in eine althellenische Existenz:

> Im Wandeln unter hohen ionischen Säulengängen, aufwärtsblickend zu einem Horizont, der durch reine und edle Linien abgeschnitten ist, neben sich Wiederspiegelungen seiner verklärten Gestalt in leuchtendem Marmor, rings um sich feierlich schreitende oder zart bewegte Menschen, mit harmonisch tönenden Lauten und rythmischer Gebärdensprache – würde [man] nicht, bei diesem fortwährenden Einströmen der Schönheit, zu Apollo die Hand erhebend ausrufen müssen: „Seliges Volk der Hellenen! Wie gross muss unter euch Dionysus sein, wenn der delische Gott [Apollo] solche Zauber für nöthig hält, um euren dithyrambischen Wahnsinn zu heilen!" – Einem so Gestimmten dürfte aber ein greiser Athener, mit dem erhabenen Auge des Aeschylus zu ihm aufblickend, entgegnen: „Sage aber auch dies, du wunderlicher Fremdling: wie viel musste dies Volk leiden, um so schön werden zu können! Jetzt aber folge mir zur Tragödie und opfere mit mir im Tempel beider Gottheiten!"[165]

WAHRHEIT

> Alles Leben ruht auf Schein, Kunst, Täuschung, Optik, Nothwendigkeit des Perspektivischen und des Irrthums.[166]

> Leben [...] *will* Täuschung, es *lebt* von der Täuschung...[167]

> Es wäre möglich, dass dem Scheine, dem Willen zur Täuschung, dem Eigennutz und der Begierde ein für alles Leben höherer und grundsätzlicher Werth zugeschrieben werden müsste.[168]

Leben und Wert

Diese Zitate aus den Vorreden zu *Die Geburt der Tragödie* und *Menschliches, Allzumenschliches* sowie *Jenseits von Gut und Böse* sollen nochmals einen Gewinn der Auseinandersetzung mit der Kunst und dem Leben verdeutlichen. Ihr Grundtenor ist eine der wesentlichen Prämissen in Nietzsches Denken und ihre Konsequenzen führen vielleicht zu ein paar „neuen" Wahrheiten. In der alten „Wahrheit" hatte die Täuschung keinen Platz; ihr entscheidendes Prädikat hieß „absolut".

Was aber haben Eigennutz und Begierde mit Täuschung zu tun?

Noch einmal auf die Begrifflichkeiten des vorigen Abschnitts zurückgreifend, sei erinnert: Apollon ist das Prinzip der Individuation. Der verbreitete falsche Begriff von Täuschung meint ungefähr, es gäbe eine Wirklichkeit, diese aber erscheine durch den Blick der verschiedenen Betrachter verschieden und so täuschte sich jeder über dasselbe, *die* Wahrheit. Die sogenannte Korrespondenztheorie sagt demzufolge seit der Scholastik: „Veritas est adequatio rei et intellectus"[169/i]. Wahrheit wird aber damit zu etwas, was man (zumindest mehr oder weniger) haben oder auch nicht haben kann. Nietzsche dazu:

> Die Wahrheit ist Nichts, was Einer hätte und ein Andrer nicht hätte: so können höchstens Bauern oder Bauern-Apostel nach Art Luther's über die Wahrheit denken.[170]

„Wahr ist *dass* plus Erfindung *was* plus den ewigen Wandel." Das wäre meine Antwort auf die Frage nach der Wahrheit. Sie soll Ausdruck dafür sein, dass „Täuschung" und Wahrheit notwendig eins sind – Dionysos *und* Apollon. Es ist, ist aller Anfang *und* nichts ist ohne Bedeutung oder wertfrei, wertlos. Begriffe sind offene Mengen von Bedeutung und in gewisser Hinsicht hat Wahrheit auch mit Entsprechung zu tun. Wenn zum Beispiel ein Unfall stattgefunden hat, wäre der ohne

---
[i] frei übersetzt: „Wahrheit ist die Entsprechung von Dingen und Vorstellung."

Zweifel ein Lügner, der wider besseres Wissen den Fakt leugnet. Worauf die Kritik abhebt, ist aber nicht der Fakt, sondern die Trennung des Fakts vom Urteil über den Fakt. Im strengsten Sinne ist nämlich hier Trennung unmöglich. „Unfall" und „Glücksfall", vielleicht nicht der größtmögliche Bedeutungsgegensatz, aber dennoch stehen beide Worte gewöhnlich in recht großer Bedeutungsentfernung. Was macht den Unfall zum Unfall, was macht ihn zum Glücksfall? „Das kommt darauf an …" Man würde nichts falsch machen, anzunehmen, dass Unfall „Unfall" bedeutet, weil er häufiger so erlebt und kommuniziert wird. Per se hindert nichts daran, ihn häufiger als Glücksfall zu erleben und zu kommunizieren.

Selbst der „0-Wert" oder die sogenannte Indifferenz ist kein Standpunkt jenseits von Werten, sondern vielmehr zwischen ihnen. Menschen, die diesen Wertgesichtspunkt häufiger einnehmen, nennt man Zyniker. Aber selbst darüber hinaus, die Nichtachtung ist eine Achtung, denn auch die Bedeutung verschwindet nicht ins Nichts, sondern wird höchstens sehr schwach. So haben für den Zyniker vielleicht Urteile überhaupt wenig Bedeutung, das heißt aber nur, dass er bemüht ist, dieselbe ständig zu mindern.

Zuletzt sei das Bewusstsein vergessen. Die Sonne brennt und das ist von Bedeutung, selbst wenn kein Mensch lebte. *Bedeutung heißt: der Unterschied, den es macht.* Nichts macht keinen Unterschied. *Gleichheit gibt es nicht*[171]. Alles ist in ewigem Wandel. Eigennutz und Begierde machen den Unterschied größer, sie blähen den Wert auf. So schafft Apollon Dionysos Platz. Wir befinden uns jenseits von Gut und Böse, nicht aber jenseits von Gut und Schlecht.

Leben ist das ewig Neue. Und dieses ewig Neue ist, wie das von ihm zurückgelassene ewig Alte, immer jene Einheit: „Ist-Bedeutung". Das reine „Ist" und die reine „Bedeutung" gibt es nicht. Alles hat Wert. Nichts „ist" ohne Bedeutung. Alles ist „Ist-Bedeutung". In diesem Sinne ist Wahrheit das, was ist, nichts darüber hinaus, nichts davor und nichts danach.

Die fest in unserem Verständnis verwurzelte Trennung von „Ich" auf der einen und „Welt" auf der anderen Seite verstellt diesen Fakt.

> Der „reine Geist" ist eine reine Dummheit: rechnen wir das Nervensystem und die Sinne ab, die „sterbliche Hülle", *so verrechnen wir uns – weiter nichts!*[172]

Nachtrag: Die größten Zyniker sind heutzutage wahrscheinlich diejenigen, welche am Lebendigen experimentieren. Besonders die, welche es mit dem Skalpell tun. Man sehe doch nur, wie sehr sie den „Wert" ihrer Forschung herausputzen und aufblasen müssen, um überhaupt tun zu können, was sie tun. Es ist ein starkes Gegengewicht nötig, um die Abscheulichkeit seines Wirkens jeden Tag zu ertragen.

Das historische Tier

Was uns mutmaßlich von den Tieren unterscheidet, ist, dass wir unserer Geschichte bewusst habhaft sind. Wir haben Erinnerung in einem anderen Sinne als Tiere. Bei Tieren schafft sich jeder Moment, gleichsam fließend, in neues Leben um. Daher haben sie wahrscheinlich keine Erinnerung in dem Sinne, wie wir Menschen sie haben, und deshalb sind sie trotzdem lernfähig. Wo einem Tier aus jedem Moment ein neues Bewusstsein erwächst, schleppen wir Menschen Bewusstseinsmomente mit uns herum. Die Vergangenheit ist im „aktuellen Tier" immer schon aufgehoben, der Mensch aber – obwohl auch er in diesem Sinne noch zu großen Teilen Tier ist – hält die Vergangenheit als Vergangenheit fest und trägt sie oft genug als vom Leben unabhängig mit sich.

Wir wissen so unendlich viel über vergangene Zeiten, aber was haben wir davon? Was bedeutet uns zum Beispiel der

Fakt, dass unsere ältesten Vorfahren von Afrika nach Europa kamen, dass ungefähr 200 vor unserer Zeitrechnung die Chinesische Mauer gebaut wurde, dass die alten südamerikanischen Völker nicht selten Menschenopfer darbrachten, dass unser Urgroßvater im Zweiten Weltkrieg starb oder dass die römischen Gladiatoren nicht in Sandalen kämpften?

Gegen die Überwucherung mit Geschichte wendet sich die zweite von Nietzsches *Unzeitgemäßen Betrachtungen: Vom Nutzen und Nachteil der Historie für das Leben*. Genauer genommen weist sie darauf hin, dass Geschichte nur als „verdaute" Geschichte Sinn macht, und darauf, dass, wo ein Übermaß von historischem Sinn waltet und Unmengen von Geschichtchen produziert werden, die Verdauung fast unmöglich und daher das Leben von der Historie eher gehindert als gefördert wird. Man kann sich das an einschneidenden Erlebnissen seines eigenen Lebens verdeutlichen. Um weiter leben zu können und nicht nur da zu sein, gibt es zwei Möglichkeiten: Entweder man verdaut das Erlebte oder vergisst es. Meist geht wohl beides zusammen. Man verdaut, was man verdauen kann, und vergisst, was man nicht verdauen kann. Auf jeden Fall aber ist das Vergessen eine wesentliche Bedingung des Lebens, Bedingung dafür, dass das „Ewig Neue" weiterrolle.

```
Wer sich nicht auf der Schwelle des Augen-
blicks, alle Vergangenheiten vergessend, nieder-
lassen kann, wer nicht auf einem Punkte wie eine
Siegesgöttin ohne Schwindel und Furcht zu stehen
vermag, der wird nie wissen, was Glück ist und
noch schlimmer: er wird nie etwas thun, was Ande-
re glücklich macht.[173]
```

Auch in diesem Abschnitt geht es, wie schon im vorletzten, eher darum, den Begriff „leben" zu füllen. Der Gegenstand, aus dem heraus er hier erhellt wird, ist wiederum recht außermoralisch, wenn es auch, wie nicht anders zu erwarten, von den Ergebnissen her einige Seitenhiebe auf die Moral und die christliche Religion gibt. Was bietet also Nietzsches Beschäftigung mit dem Zusammenhang von Historie und Leben für den Begriff vom Leben?

> In dreierlei Hinsicht gehört die Historie dem Lebendigen: sie gehört ihm als dem Thätigen und Strebenden, ihm als dem Bewahrenden und Verehrenden, ihm als dem Leidenden und der Befreiung bedürftigen. Dieser Dreiheit von Beziehungen entspricht eine Dreiheit von Arten der Historie: sofern es erlaubt ist eine *monumentalische*, eine *antiquarische* und eine *kritische* Art der Historie zu unterscheiden.[174]

Das Lebendige ist „tätig und strebend", „bewahrend und verehrend", „leidend und der Befreiung bedürftig". Es will mehr und immer über sich hinaus und insofern ihm das gelingt, bewahrt und verehrt es seinen Grund, seine Bedingungen. Was es aber dazu treibt, ist das Bedürfnis, sich vom Leiden zu befreien, welches vielleicht nicht zuletzt seinem tätigen Streben selbst geschuldet ist. Leben, so war zu Beginn von Kapitel 3.1 gesagt, bedeutet: „fortwährend Etwas von sich abstossen, das sterben will"[175]. Das „Leben allein, jene dunkle, treibende, unersättlich sich selbst begehrende Macht"[176], ist der Grund für jede dieser drei Beziehungen, in denen das Lebendige zu sich selbst und seinesgleichen steht.

Zum tätigen Streben, zum bewahrenden Verehren, zur Befreiung vom Leiden, dazu bedarf das Lebendige der Historie, hierzu soll sie ihm freie Verfügungsmasse sein. Denn ebenso wenig wie das Leben um der Erkenntnis oder der Moral willen Leben ist, ebenso wenig ist das Lebendige um der Historie willen lebendig. Moral, Erkenntnis und Historie sind ebenso wie die Kunst nicht Ursachen, sondern Folgen des Lebens. Was der schon oben aufgeworfene Gedanke belegen mag, dass das Leben sehr wohl ohne Moral, Erkenntnis, Kunst und Historie vorgestellt werden kann, diese wiederum aber wohl kaum ohne etwas Lebendiges.

Inwiefern leisten also die „monumentale", die „antiquarische" und die „kritische" Art der Historie dem Leben gute Dienste? Nietzsches Antwort auf diese Frage soll im Folgenden kurz nachgezeichnet und so sein Begriff des Lebens weiter verdeutlicht werden.

Monumental, das bedeutet gewaltig, großartig[177], und die monumentale Art der Historie hat es mit dem Gewaltigen und Großartigen zu tun, dem, was sich in irgendeinem Sinne deutlich aus seiner Umgebung abhebt, erhebt, was einzeln steht, über dem Rest der Welt. Das Monumentale ist notwendig selten und die monumentale Historie dient dadurch dem Leben, dass sie die Möglichkeit bietet, zwischen dem Seltenen der verschiedensten Zeiten Bänder zu knüpfen. Mit ihr haben die Großen, die Gewaltigen, die Einzelnen aller Zeiten ein Gegenmittel, um sich nicht allein, um sich nicht als Verfehlte zu verstehen, was ein Blick auf ihr Umfeld, ihre Mitwelt ihnen nur zu deutlich nahelegen mag.

„Wer anders fühlt, gehe freiwillig ins Irrenhaus"[178], so scheint das Kleine dem Großen, die Masse dem Einzelnen, die Mittelmäßigkeit der Überlegenheit beständig zuzurufen. Die monumentale Historie ist hierzu das Gegengift. Der Gegenwärtige entnimmt aus der monumentalen Betrachtung der Vergangenheit,

> dass das Grosse, das einmal da war, jedenfalls einmal *möglich* war und deshalb auch wohl wieder einmal möglich sein wird; er geht muthiger seinen Gang, denn jetzt ist der Zweifel, der ihn in schwächeren Stunden anfällt, ob er nicht vielleicht das Unmögliche wolle, aus dem Felde geschlagen.[179]

Dass die monumentale Historie aber ein Gift ist und daher die Dosis in der Anwendung entscheidend, zeigt sich, wenn man bedenkt:

Leben und Wert

> Wie viel des Verschiedenen muss, wenn sie jene kräftigende Wirkung thun soll, dabei übersehen, wie gewaltsam muss die Individualität des Vergangenen in eine allgemeine Form hineingezwängt und an allen scharfen Ecken und Linien zu Gunsten der Uebereinstimmung zerbrochen werden![180]

Die „Mächtigen und Tätigen" vermag sie daher, über die Stärkung hinaus, zu blenden.

> Sie reizt mit verführerischen Aehnlichkeiten den Muthigen zur Verwegenheit, den Begeisterten zum Fanatismus, und denkt man sich gar diese Historie in den Händen und Köpfen der begabten Egoisten und der schwärmerischen Bösewichter, so werden Reiche zerstört, Fürsten ermordet, Kriege und Revolutionen angestiftet und die Zahl der geschichtlichen „Effecte an sich", das heisst der Wirkungen ohne zureichende Ursachen, von Neuem vermehrt.[181]

In den Händen der „Ohnmächtigen und Untätigen" ist ihre Wirkung jedoch noch verheerender. Sie machen aus den Monumenten der Vergangenheit goldene Kälber und binden so jedes tätige Streben. „Seht, die Wahrheit ist schon da!"

> Ob sie es deutlich wissen oder nicht, sie handeln jedenfalls so, als ob ihr Wahlspruch wäre: lasst die Todten die Lebendigen begraben.[182]

Der antiquarische Umgang mit der Historie ist, in lebensdienlicher Hinsicht gesehen, gleichsam die Sparflamme des Lebens. Mit ihr pflegt sich sein erhaltender Sinn die Umstände und Bedingungen, unter denen es gewachsen ist, und trägt so „gleichsam den Dank für sein Dasein ab"[183], welcher Art auch immer dieses Dasein sein mag. So bringt sich auch das einfachste Leben durch, indem es sich in den schützenden Mantel der Verehrung und Konservierung des Bestehenden hüllt und dieses pflegt und hegt. Die Gefahr, dass, wie Nietzsche sagt, die Konservierung in Mumifizierung umschlägt[184], ist dabei immer nah.

Gerade als Bewahrerin des Lebens kann und darf aber auch die antiquarische Historie keine „reine Erkenntnis" der Geschichte geben. Denn das durch sie erhaltene Leben ist der Maßstab ihres Blicks. Was ihm gut dünkt und guttut, das ist gut, wird gut sein und daher auch gut gewesen sein. Die antiquarische Historie hat kaum einen Blick für die Irrungen und Wirrungen oder die großen und kleinen Ausfälle des Schicksals. Vor ihnen gerade will und soll sie ja bewahren. Aufregung ist das Letzte, was ein der antiquarischen Historie bedürftiges Leben gebrauchen kann.

So liegt im eigensten Bestreben der antiquarischen Art des Umgangs mit der Geschichte ihre größte Gefahr, dass sie nämlich vergisst, sich dem Leben unterzuordnen. Wenn sich die Ehrfurcht vor dem Alten, der Wille, bloß zu erhalten, zum Hemmschuh des Neuen aufzuschwingen beginnt und dieses nicht mehr dankbar im Vergangenen rechtfertigt, wird es Zeit, die Geschichte umzuschreiben. Die antiquarische Historie hat dann ihren Sinn verfehlt. Der soeben zitierte Wahlspruch würde dann auch zu ihrem Leitmotiv und sie brächte das Leben nicht mehr durch, sondern, im Falle ihres Sieges, gänzlich zu Ende.

Die Wahrheit ist nicht selten trivial. Weniger trivial ist es meist, die Konsequenzen aus einer einfachen Wahrheit nicht nur zu ziehen, sondern auch nach ihnen zu leben. Oder mit Nietzsche gesprochen:

> Es gehört sehr viel Kraft dazu, leben zu können und zu vergessen, in wie fern leben und ungerecht sein Eins ist.[185]

Wäre der Mensch eine Schlange, so wäre das Abstreifen der alten Haut der Moment, in dem er den kritischen Umgang mit der Geschichte nötig hat. Hierbei zu helfen, ist ihr Dienst am Leben. Dem wachsenden Leben Platz zu schaffen, das ist ihr bestes Schaffen. Jedoch wird sich die Schlange kaum in gütiger Dankbarkeit auslassen, während sie die alte Haut, welche nun zum Korsett geworden ist, abstreift – dazu ist sie zu menschlich. Sie wird diese Haut verfluchen und so den Schmerz übertönen wollen, den die Prozedur verursacht. Und so ist die kritische Art, Historie zu treiben, meist die ungerechteste und unehrlichste. Um was in Macht und Würden ist, außer Macht und außer Würden zu setzen, dazu muss man es beinahe verfluchen. Was aber dabei nur zu schnell in Vergessenheit gerät oder im Eifer des Gefechts übersehen wird, ist die maßlose Selbstbeschmutzung. Was wäre die Schlange ohne ihre alte Haut?[i]

> Es ist immer ein gefährlicher, nämlich für das Leben selbst gefährlicher Prozess: und Menschen oder Zeiten, die auf diese Weise dem Leben dienen, dass sie eine Vergangenheit richten und vernichten, sind immer gefährliche und gefährdete Menschen und Zeiten. [...] Es ist ein Versuch, sich gleichsam a posteriori eine Vergangenheit zu geben, aus der man stammen möchte, im Gegensatz zu der, aus der man stammt – immer ein gefährlicher Versuch, weil es so schwer ist eine Grenze im Verneinen des Vergangenen zu finden, und weil

---

[i] Oder: Was wäre Deutschland, um eine heute „gefährliche" Frage zu stellen, ohne den Nationalsozialismus? Was wäre Europa? Wo wäre die Welt, hätte nicht Deutschland – bevor sich endgültig die beiden großen Ideologien des 20. Jahrhunderst gegenseitig die Köpfe eingeschlagen hätten – seinen Großmachtfantasien nachgegeben und damit letztendlich die zwei mächtigsten widerstreitenden Pole der damaligen Welt im Kampf und Sieg gegen das Reich zumindest im Ansatz geeint? Aber wie auch immer: „Was wäre, wenn"-Fragen sind recht müßig. Müssen wir deshalb aber so tun, als hätte das alles nichts miteinander zu tun, und wäre nicht das unsägliche Leid besser in einer Dankbarkeit für unser Heute und einer ihm entspringenden guten Hoffnung auf morgen aufgehoben als im Wegschieben, Vergessen, Verdammen? „Das liegt ja alles offen da und wird auch nicht bestritten", mag jemand einwenden. Gut. Aber fragt einmal einen Zehntklässler, Abiturienten oder auch Studenten, welchen Sinn der Zweite Weltkrieg hatte.

die zweiten Naturen meistens schwächlicher als die ersten sind.[186]/i

Zuletzt noch ein Blick auf Nietzsches Analyse des historischen Treibens als Gesamtes.

Natürlich oder tierisch gesehen, ist der Umgang des Lebens mit seiner Historie, seinem ständigen Gewesensein, ein Verdauungsprozess – „hervorgerufen durch Hunger, regulirt durch den Grad des Bedürfnisses, in Schranken gehalten durch die innewohnende plastische Kraft"[187]. Zuletzt wird Unverdauliches ausgeschieden, vergessen. So wird alles „Es war" ständig in ein neues „Es ist" umgeschaffen.

Was sich nun beim „modernen Menschen" in diesen Prozess einschiebt, ist *„die Forderung, dass die Historie Wissenschaft sein soll"*[188]. Man will, in anderen Worten, eine möglichst reine Erkenntnis allen „Es war". Man will die historischen Ereignisse wertfrei, objektiv und macht aus nahrhaften Happen eine Menge wertloser Bilder. Nett für die Augen, weil wertfrei, aber nichts für den Magen, da wertlos. An zahllosen Orten der Welt wird gegraben und geforscht, fragmentiert und kategorisiert. Aus jeder Ecke der Erde strömen uns alltäglich unzählige Bruchstücke und Fetzen jüngster und ältester Historie (sogenannte Informationen) zu, aber selbst die, an denen noch etwas zu beißen wäre, gehen irgendwo im Wust des allgemeinen Für und Wider unter. Man würgt und müht sich, um doch noch einen bisschen Nahrung abzuziehen, aber wie sehr man sich auch müht, man bringt es selten weiter als bis zur Diphtherie oder Bulimie. Oder, wie Nietzsche etwas netter sagt, zur „wandelnden Enzyklopädie"[189], wenn einem der Wille zur Verdau-

---

i Die Deutschen täten gerade heute gut daran, sich erst einmal selbst zu besinnen, anstatt sich in die große Politik zu stürzen, *die andere machen*. Denn wir sind schwach. Wir stehen in keiner Vergangenheit und keiner Zukunft fest, wir haben uns lange selbst verleugnet und trauen unseren Schritten nicht. Wir sind so zärtlich, dass wir beim ersten wirklichen Windstoß wahrscheinlich umfallen würden. Wir sind sehr ängstlich und es ist daher unsere größte Gefahr, dass wir zu „Angstbeißern" werden oder dem Beißen anderer aus Angst beispringen.

ung schon abhandengekommen ist oder wenn einem, was dasselbe ist, die Kraft zur Verdauung fehlt.

2000 Jahre Züchtung zur Schwäche, das ist, verfänglich eng in einen Satz gedrängt, die Botschaft von Kapitel 2. Hier, in Anbetracht des Zusammenhangs von Leben und Historie, finden wir eine Konsequenz dessen wieder. Sie war schon oben angedeutet, in dem Satz:

>   Die Wissenschaft als Mittel der Selbst-
> Betäubung: *kennt ihr das?*[190]

Im jetzigen Zusammenhang würde es besser heißen: „Die Wissenschaft als Folge der Selbstbeschneidung, kennt ihr das?" Der schöne Name aber, den sich die Idiosynkrasie der Dekadenz hierfür erfunden hat, heißt „Objektivität".

Die monumentale, die antiquarische und die kritische Art, Historie zu treiben, bedürfen, um ihrem Zweck, der Förderung des Lebens, zu dienen, der Lüge. Das Leben *muss* sich sein Gestern zurechtmachen für sein Morgen. Die Forderung nach Objektivität stellt sich dem entgegen und löst die kräftigen Farben des vergangenen Geschehens in graue Suppe auf. Für alles findet sich irgendwo und irgendwie ein Für und Wider, jede Tat erstickt im „Sowohl-als-auch" – eine schrecklich konsequent sich selbst erfüllende Prophezeiung geht ihren Weg, der ewige Frieden, die Friedhofsruhe. Das permanente Geschwätz sollte darüber nicht hinwegtäuschen. Wer sagt denn noch wirklich etwas unter den Wissenschaftlern und „Philosophen"? Oder mit Nietzsche gesprochen:

>   Keiner wagt mehr seine Person daran[191]

Der Verzicht auf Persönlichkeit und damit das immer häufigere Fehlen von Persönlichkeiten ist eine der Folgen, deren Ursachen Nietzsche hier entdeckt. Weitere Folgen, die er

an dieser Stelle, dem Willen zur Objektivität und dem Glauben daran, ausmacht, sind:
- dass man sich einbildet, dass man gerechter wäre als Menschen anderer Zeiten (weniger Wissenschaftliche, weniger Objektive);
- dass der Einzelne am Reif-Werden gehindert wird (er bildet sich nicht mehr, sondern wird „verbildert");
- dass man glaubt, Spätling und Epigone zu sein (über den Dingen zu stehen und der Tat enthoben zu sein);
- dass man von der Selbstironie zum Zynismus gelangt;
- dass daraus eine kluge, egoistische Praxis reift;
- und durch diese zuletzt alle Lebenskräfte gelähmt und zerstört werden.[192]

Im abschließenden Kapitel 4 werden diese Gedanken wieder aufgenommen. Hier sollte, aus der Beschäftigung mit Nietzsches Sicht auf zwei Aspekte des Lebens – Kunst und Historie –, sein Begriff „leben" etwas ausgeleuchtet werden.

DER WILLE ZUR MACHT

Hüten wir uns, zu denken, dass die Welt ein lebendiges Wesen sei. Wohin sollte sie sich ausdehnen? Wovon sollte sie sich nähren? Wie könnte sie wachsen und sich vermehren? [...] Hüten wir uns schon davor, zu glauben, dass das All eine Maschine sei; es ist gewiss nicht auf Ein Ziel construirt [...] Der Gesamt-Charakter der Welt ist [...] in alle Ewigkeit Chaos[i], nicht im Sinne der fehlenden Nothwendigkeit, sondern der fehlenden Ordnung, Gliederung, Form, Schönheit,

---

[i] „Alles steuert der Blitz", sagte Heraklit. [DK 22 B 64 (Die Vorsokratiker. S. 265)]

Weisheit, und wie all unsere ästhetischen Menschlichkeiten heissen.¹⁹³

Der „Wille zur Macht" ist Nietzsches am weitesten gehender Versuch, dem Begriff „Leben" einen Sinn zu geben – etwas, worin sich seine Verständlichkeit halten kann. Als auf das umfassendere Konzept weisen alle Regungen des Lebens hierauf zurück. Als Fakt ist der Wille zur Macht der eigentliche Lebens-Grundtrieb, der auf Machterweiterung hinausgeht[194], der „Wille des Lebens"[195], sein Prinzip[196], eine großartige Verallgemeinerung, gewonnen aus deutender Beobachtung[i], wie Zarathustra verrät.

> Dem Lebendigen gieng ich nach, ich gieng die grössten und die kleinsten Wege, dass ich seine Art erkenne.
> Mit hundertfachem Spiegel fieng ich noch seinen Blick auf, wenn ihm der Mund geschlossen war: dass sein Auge mir rede. Und sein Auge redete mir.
> [...]
> Hört mir nun mein Wort, ihr Weisesten! Prüft es ernstlich, ob ich dem Leben selber in's Herz kroch und bis in die Wurzeln seines Herzens!
> Wo ich Lebendiges fand, da fand ich Willen zur Macht; und noch im Willen des Dienenden fand ich den Willen, Herr zu sein.¹⁹⁷

Leben und Wille zur Macht, das ist eins – der Wille zur Macht ist das eine Ziel in den Tausend Zielen des Lebens.[ii]

Inwieweit er über den Bereich des Lebendigen hinaus von Bedeutung oder sinnvoll anwendbar ist, ist hier nicht Thema und stellt auch für Nietzsche eher einen Nebenschau-

---

[i] Besonders *Menschliches, Allzumenschliches* und die *Morgenröte* sind Sammelstellen ungezählter Beobachtungen dazu.
[ii] So verstehe ich den Titel der Rede Zarathustras: „Von Tausend und Einem Ziele"

platz[i] dar. Dennoch, den Begriff über das Lebendige hinaus auszudehnen und gleichsam in kosmische Dimensionen zu erheben, liegt nah und ist auch von Nietzsche „versucht" worden. Es ist der Versuch, jegliches Geschehen dynamisch zu begreifen, jenseits der überkommenen Vorstellungen von „Körpern" das Wirken selbst als Ausdruck und bloße Wandlung des Strebens zu begreifen. Denn, was heißt letztendlich Wille? Es ist der Name für das Streben selbst, der Begriff, in dem wir den Wandel festzuhalten, zu erklären suchen.

Man muss die Hypothese wagen, ob nicht überall, wo „Wirkungen" anerkannt werden, Wille auf Wille wirkt[198]

[Dass die physikalische Welt] einen „nothwendigen" und „berechenbaren" Verlauf habe, aber *nicht*, weil Gesetze in ihr herrschen, sondern weil absolut die Gesetze *fehlen*, und jede Macht in jedem Augenblicke ihre letzte Consequenz zieht.[199]

Diese Hypothesen unterstellt, wäre der Wille zur Macht die *Essenz der Welt*[200]. Aber die Richtung des Blickes zum „Toten" ist nicht unsere. Was bedeutet der Wille zur Macht im Reich des Lebendigen, das ist hier die Frage. Es ist auch die richtige, denn um das Leben zu begreifen, dazu war der Begriff erfunden.

Der Sinn des Lebens ist also Wille zur Macht. Was aber ist der Sinn des Willens zur Macht? Worin hält sich sein Verständnis?

Was den Willen betrifft, so ist mit dem Wort „streben" ganz gut begriffen, was gemeint ist. Der Begriff hält sich außerhalb engerer Fassungen wie „gewollt" oder „ungewollt", „frei" oder „unfrei"; diese Worte gewinnen erst auf der Grund-

---

[i] Man kann sich hierüber mit Hilfe des Anhangs C. III. recht schnell einen eigenen Überblick verschaffen. An den weitaus meisten Stellen geht es um den Zusammenhang von Willen zur Macht und Leben(digem).

lage des Strebens selbst Sinn. Die Richtung des Strebens aber, des Willens im Willen zur Macht, ist Macht. Was also ist Macht?

Bedeutung ist, so war im vorletzten Abschnitt gesagt, der Unterschied, den es macht. Etwas ist also umso bedeutender oder eben mächtiger, je größer der Unterschied ist, den es macht. Die Sonne ist für die Erde, wie wir sie brauchen, von höchster Bedeutung und damit für uns wohl die größte Macht. Der mächtigste Mensch wäre, so gesehen, einfach der, welcher den größten Unterschied macht.[i] Was aber damit vom einzelnen Menschen gesagt ist, kann ohne Weiteres auf Völker, Zeiten oder andere Ereignisse bezogen werden. Wer kann denn heute daran zweifeln, dass die altehrwürdigen Griechen ein mächtiges Volk sind, dass die christliche Kirche vielleicht die mächtigste je dagewesene Institution ist oder, um die böse Zunge zu schwingen, dass Adolf Hitler ein mächtiger Mann war und der Nationalsozialismus eine mächtige Idee[ii]?

Macht ist die Fähigkeit zu verändern, die Veränderung aber ist das Maß der Macht. Soweit zur Macht, von den Wirkungen her gesehen und aus einem Blickwinkel jenseits von Gut und Böse.

Der Wille zur Macht ist also (zumindest) das Streben, (überhaupt) einen Unterschied zu machen, etwas zu „bewegen", um es in unverfänglichen Worten zu sagen. Jedoch lenkt das unverfängliche Wort nicht unwesentlich vom Tatbestand ab: *Verändern, das heißt notwendig vernichten.*

```
Der Wille zur Macht, [das ist] der uner-
schöpfte zeugende Lebens-Wille.[201]
```

---

[i] Ich denke, innerhalb der von uns überschauten Geschichte ist es Platon gewesen, den Nietzsche in einem Atemzug mit Pythagoras ein „Ungethüm von Stolz und Selbstherrlichkeit" nennt. [vgl. FW. 351. (3, 588)]
[ii] Noch eine These dazu: „Ein Jedes geht an der ihm eigenen Schlechtigkeit zugrunde." (so ungefähr Platon in: *Politeia*) Die Schlechtigkeit des Nationalsozialismus war, dass er sich der Dekadents (der Hasser) bedient hat und das Ressentiment (den Hass) geschürt und genutzt hat. – Wahrscheinlich die Konsequenz der Schwäche Hitlers.

> Und wer ein Schöpfer sein muss im Guten und Bösen: wahrlich, der muss ein Vernichter erst sein und Werthe zerbrechen.
> Also gehört das höchste Böse zur höchsten Güte: diese aber ist die schöpferische.[202]

Wandel, Schaffen und Schöpfung, das sind also auch grausame Worte – und diese Grausamkeit aus dem Leben zu tilgen, hieße, das Leben selbst zu tilgen.

Es liegt aber noch mehr in der Formel vom Willen zur Macht. Denn es strebt nicht, sozusagen, die Macht lediglich zu ihrer eigenen Konsequenz (und von mehr war eben noch gar nicht die Rede), sondern das Streben selbst geht auf Macht aus. „Wille zur Macht" heißt nicht nur, dass etwas Lebendiges seine Kraft auslassen will[203]. Im „Willen zur Macht" ist darüber hinaus eine Steigerung begriffen, und zwar eine Steigerung der Macht selbst. Wonach das Leben strebt, das ist also nicht nur, einen Unterschied zu machen, sondern einen immer größeren. Es nährt sich, wächst, greift um sich, zieht an sich und in sich, – verdaut und schafft zu seinem eigensten Zwecke sich selbst in Permanenz um, zu mehr Macht, zu immer größerer Bedeutung. Es geht dem Lebendigen nicht allein darum, mächtig zu sein oder Macht auszuüben, sondern immer mehr Macht zu bekommen, immer mächtiger zu werden. Das ist der Trieb, der im „Willen zur Macht" seinen Ausdruck findet; das Übrige ist „bloße" Konsequenz – oder genauer: notwendige Folge.

Man sieht bei der Macht sich Heere versammeln und glaubt, Macht wäre Gewalt. Man sieht bei der Macht sich Klugheit versammeln und meint, Macht wäre Klugheit. Und man sieht bei der Macht sich Geld versammeln und denkt, Geld wäre Macht. Aber Geld, Gewalt und Klugheit sind „nur" Mittel oder Instrumente der Macht. Sie können sie festigen, unter Umständen erweitern, mit ihnen kann sich die Macht „auslassen", nie aber können sie Macht begründen. Man kann sich das vielleicht mit folgendem Gedanken klarmachen: Die Macht ist es, die mit Geld kauft, sie selbst jedoch bindet Geld, ohne zu kaufen. Ebenso die Gewalt, sie zwingt unter die Macht, aber die Macht ist es, die mit ihr zwingt, und um der Macht willen sammelt sich Gewaltpotenzial bei der Macht. Ein Heer mag noch so groß sein, es vermag nichts ohne die Führung einer Macht, und dieselbe bindet das Heer – ohne Gewalt. Zuletzt die Klugheit. „Wissen ist Macht" lautet ein bekannter Satz. Der Gegensatz dazu lautet: Wissen vermag nichts, außer im Dienste einer Macht. *„Die Wahrheit hat die Macht nöthig."*[204] Gründe beruhigen oder verwirren, es sind Waffen im Kampf der Mächte und also Diener einer Macht. Es ist nicht das Argument, sondern die Macht, die überzeugt. Ein gutes Argument wird sich immer der zu engen Logisierung widersetzen, eben das ist das Zeichen seiner Macht, dass es Grenzen bezwingt und verschiedene Formen zu füllen vermag, dass es neue Formen schafft.

Macht bindet Geld, Heere und Klugheit. Sie alle sind nichts ohne eine Macht. Was aber ist dann Macht?

Macht ist das Schöpferische, die ewige Schöpfung!

Die größte Macht wäre diejenige Schöpfung, die alles „Es ist" und „Es war" in sich zusammenführt und zusammenschnürt, die alles „Gestern" im „Heute" zu „einem Morgen" umschafft.

„Die stillsten Worte sind es, welche den Sturm bringen. Gedanken, die mit Taubenfüssen kommen, lenken die Welt.[205]

Je weniger man selbst Grund des Wandels, der Schöpfung ist, umso mehr wird man bestrebt sein, im „fremden" Wandel zu bestehen. Der Wille zur Macht selbst bindet an die Macht oder trennt von ihr und so gibt es im Umgang mit einer Macht grundsätzlich nur drei Möglichkeiten:

mit ihr kämpfen, wenn man dazu in der Lage ist, ihr aus dem Weg gehen oder, wenn man auch das nicht vermag, ihr dienen. Nichts von diesen dreien wäre in irgendeiner Art verwerflich. Was aber in allen drei Arten des Umgangs der treibende Grund ist, das ist der Wille zur Macht selbst.

```
       Dass dem Stärkeren diene das Schwächere,
dazu überredet es sein Wille, der über noch
Schwächeres Herr sein will: dieser Lust allein
mag es nicht zu entrathen.
       Und wie das Kleinere sich dem Grösseren
hingiebt, dass es Lust und Macht am Kleinsten
habe[i]: also giebt sich auch das Grösste noch hin
und setzt um der Macht willen – das Leben dran.
       Das ist die Hingebung des Grössten, dass es
Wagniss ist und Gefahr und um den Tod ein Würfel-
spielen.
       [...]
       „Lieber noch gehe ich unter, als dass ich
diesem Einen absagte; und wahrlich, wo es Unter-
gang giebt und Blätterfallen, siehe, da opfert
sich Leben – um Macht!"[206]
```

Nicht das Leben wird also vom Lebendigen am höchsten geschätzt, sondern die Macht, und das Leben selbst also „lediglich" um der Macht willen. Den Selbsterhaltungstrieb als „untersten", tiefsten Instinkt anzusetzen, wäre von daher ein Fehler. Nicht der Kampf ums Dasein, sondern der Kampf des lebendigen Daseins um Macht und Übermacht ist das kardinale Ereignis.[207/ii] Ein gutes Beispiel hierfür gibt wohl das „kleinste" Leben, der Virus. Der treibt blind das Spiel des Willens zur

---

[i] So schreibt auch Sun Tsu – wenngleich ein wenig buddhistisch verklärt – ca. 500 v. u. Z. in China: „Das Tao veranlasst die Menschen, das gleiche Ziel wie die Führung zu verfolgen, sodass sie bereit sind, Leben und Tod zu teilen, ohne sich von einer Gefahr abschrecken zu lassen." [Die Kunst des Krieges. Strategische Überlegungen.] Selbst wenn wir die jeweiligen Begründungen dahingestellt sein lassen, die Beobachtungen stimmen überein, und das mag, gerade wegen der Entfernung zwischen beiden Denkern, etwas belegen.

[ii] Nietzsches Argument dazu: „Der traf freilich die Wahrheit nicht, der das Wort nach ihr schoss vom „Willen zum Dasein": diesen Willen – giebt es nicht!" „Denn: was nicht ist, das kann nicht wollen; was aber im Dasein ist, wie könnte das noch zum Dasein wollen!" [Z. II. Von der Selbst-Überwindung. (4, 148 f)]

Macht, bis er zuletzt seine eigenen Lebensbedingungen zerstört und endet

> wie jedes gute Ding auf Erden, *sich selbst aufhebend*.²⁰⁸

Dieses Beispiel wirft auch ein erhellendes Licht auf „die andere Seite" – die unerbittliche Vernichtung, das Töten und Sterben um der Macht willen. Soweit Leben der Wille zur Macht ist, bleibt dies die notwendigste Konsequenz.

> Sich gegenseitig der Verletzung, der Gewalt, der Ausbeutung enthalten, seinen Willen dem des Andern gleich setzen: dies kann in einem gewissen groben Sinne zwischen Individuen zur guten Sitte werden, wenn die Bedingungen dazu gegeben sind (nämlich deren thatsächliche Ähnlichkeit in Kraftmengen und Werthmaassen und ihre Zusammengehörigkeit innerhalb Eines Körpers). Sobald man aber dies Princip weiter nehmen wollte und womöglich gar als *Grundprincip der Gesellschaft*, so würde es sich sofort erweisen als Das, was es ist: als Wille zur *Verneinung* des Lebens, als Auflösungs- und Verfalls-Princip. [...] In keinem Punkte ist aber das gemeine Bewusstsein der Europäer widerwilliger gegen Belehrung, als hier; man schwärmt jetzt überall, unter wissenschaftlichen Verkleidungen sogar, von kommenden Zuständen der Gesellschaft, denen „der ausbeuterische Charakter" abgehn soll: – das klingt in meinen Ohren, als ob man ein Leben zu erfinden verspräche, welches sich aller organischen Funktionen enthielte. Die „Ausbeutung" gehört nicht einer verderbten oder unvollkommenen und primitiven Gesellschaft an: sie gehört ins *Wesen* des Lebendigen, als organische Grundfunktion, sie ist eine Folge des eigentlichen Willens zur Macht, der eben der Wille des Lebens ist. – Gesetzt, dies ist als Theorie eine Neuerung, – als Realität ist es das *Ur-Faktum* aller Geschichte: man sei doch so weit gegen sich ehrlich!²⁰⁹

Leben, das heißt brennen und zuletzt verbrennen. Leben, das heißt permanente Selbstüberwindung – in jedem Moment schafft sich die Flamme neu und je kräftiger und größer sie ist, umso mehr verbrennt schließlich für sie. Ausbeutung, das heißt brennen und verbrennen für ... Wo nichts verbrennt, da leuchtet kein Feuer. Feuer aber ist, vielleicht nicht nur im Bilde gesprochen, Leben.

HERRSCHAFT IST FREIHEIT

> Denn der Wille ist, als Affekt des Befehls, das entscheidende Abzeichen der Selbstherrlichkeit und Kraft.[210]

Der Wille ist das „Abzeichen der Selbstherrlichkeit und Kraft", die Intensität des Strebens „eines" Willens zur Macht. Er ist ebenso ein „*Affekt des Befehls*". Letzteres bedeutet, ins Allgemeinste getrieben, dass die erste Reaktion auf einen Reiz affirmativ ist, das heißt eine Fortsetzung des Effekts[i] – also eine unmittelbare Verlängerung desselben Willens. Jedes Nein, jede Verweigerung muss sich gegen diesen Affekt stellen. Gehorchen ist immer die erste Reaktion, ein Automatismus, und die Erziehung zum Gehorsam also eher ein Training, die zum Widerspruch eher eine Züchtigung und mitnichten eine Befreiung.

Dort, wo der Kritizismus über Generationen tief eingefleischt ist, im heutigen Europa, sinkt daher zwar das Vermögen zu befehlen, der „Wille" zu gehorchen ist damit aber nicht ausgetrocknet.

> Nie aber hört ihre kritische Feder auf zu fliessen, denn sie haben die Macht über sie ver-

---

[i] Eine lustige Versuchsanordnung dazu: Strecke einem Baby, soweit es sehen kann und du seine Aufmerksamkeit hast, die Zunge raus und beobachte sein Gesicht.

loren und werden mehr von ihr geführt anstatt sie
zu führen. Gerade in dieser Maasslosigkeit ihrer
kritischen Ergüsse, in dem Mangel der Herrschaft
über sich selbst, in dem was die Römer impotentia
nennen, verräth sich die Schwäche der modernen
Persönlichkeit.[211]

Wer das Gehorchen nicht trainiert und – mehr noch – der, welchem die Züchtigung dieses Affekts zum Charakter geworden ist, verlernt letztendlich sich selbst zu folgen. Und welcher, wenn nicht dieser Weg, führt zur Befreiung?

Denn was ist Freiheit! Dass man den Willen
zur Selbstverantwortlichkeit hat. Dass man die
Distanz, die uns abtrennt, festhält. Dass man
gegen Mühsal, Härte, Entbehrung, selbst gegen das
Leben gleichgültiger wird. Dass man bereit ist,
seiner Sache Menschen zu Opfern, sich selber
nicht abgerechnet.[212]

Dass man seine Person daran wagt. Woran? An seine Sache. Das ist Freiheit. Eine Freiheit freilich, die der objektive Mensch nicht kennt. Denn ihm fehlt seine Sache. Und das ist die Schwäche des modernen Menschen: Er hat kein Ziel und wo er eins hat, da ist es meist Wasser auf die Flamme des Lebens. Vom gottgleichen Herren der Welt zum Erdfloh, das war (ist) der Entwicklungsweg des abendländischen (europäischen) Menschen. Das Ende dieses Weges heißt Nihilismus und meint, dass keiner mehr irgendwas für wert hält, überhaupt noch etwas daran zu setzen. Der Moment, „wo der Mensch nicht mehr den Pfeil seiner Sehnsucht über den Menschen hinaus wirft, und die Sehne seines Bogens verlernt hat, zu schwirren"[213].

Zurück zu Freiheit und Herrschaft. Herrschaft ist Ausdruck von Macht, das Quantum an Macht aber ist das Maß der Freiheit. Denn

> wonach misst sich die Freiheit, bei Einzelnen, wie bei Völkern? Nach dem Widerstand, der überwunden werden muss, nach der Mühe, die es kostet, oben zu bleiben.[214]

Der Wille zur Macht wird eben daher von Nietzsche der „*Instinkt der Freiheit*"[215] genannt. Der höchste Grad von Freiheit ist damit aber der höchste Grad von Macht – und insoweit derselbe erreicht wird, herrscht man. Freiheit und Herrschaft sind also, vermittelst der Macht, ein und dasselbe.

> Den höchsten Typus freier Menschen hätte man dort zu suchen, wo beständig der höchste Widerstand überwunden wird: fünf Schritt weit von der Tyrannei, dicht an der Schwelle der Gefahr der Knechtschaft.[216]

Dass der moderne Begriff der Freiheit ziemlich genau das Gegenteil hiervon bezeichnet, dürfte klar sein.

„Frei" heißt sich heute das zufriedene Herdentier. Frei werden heißt ihm, das Bedürfnis loswerden, nicht mehr kämpfen, nicht mehr überwinden müssen. Frei nennt sich die endlose Duldsamkeit und beruhigt sich über ihre Tatlosigkeit mit ihrem grenzenlosen Verständnis.

Freiheit, das heißt: tun, was man will. Was heute Freiheit heißt, läuft darauf hinaus, diesen Willen loszuwerden. Warum das so ist? Die leibhaftige Schwäche kam zur Herrschaft und brachte die ständige Angst mit. Beide reproduzieren sich miteinander und steigern sich immer weiter, sie gebaren zuletzt als Surrogate des Willens die Arbeit und den Konsum.

Leben und Sterben, das ist eins. Dort also, wo das Leben am mächtigsten ist, wo am meisten Leben ist, da ist am meisten Sterben – und so ist der Kampf die größte Blüte des Lebens. In seiner Vielfalt spiegelt sich die Vielfalt des Lebens selbst. Der große Kampf ist das große Leben, ob man es wahrhaben will oder nicht, ob man dessen fähig ist oder nicht.

> Wer wird etwas Grosses erreichen, wenn er nicht die Kraft und den Willen in sich fühlt, grosse Schmerzen *zuzufügen*? Das Leidenkönnen ist das Wenigste: darin bringen es schwache Frauen und selbst Sclaven oft zur Meisterschaft. Aber nicht an innerer Noth und Unsicherheit zu Grunde gehen, wenn man grosses Leid zufügt und den Schrei dieses Leides hört – das ist gross, das gehört zur Grösse.[217]

Im Übrigen ist der Mensch vor sich selbst in relativer Sicherheit, denn Grausamkeit ist eine Frage der Distanz (es ist leichter, eine Fliege zu erschlagen als einen Hund) und man begegnet ihr am besten, indem man große Menschen züchtet. Die kennen Rache und Hass am wenigsten, da sie am fähigsten sind, noch jeden Unfall zum Glücksfall zu machen, und noch in jedem Angriff ein Mittel zur Stärkung erraten.

Wenn der Normalfall aber der Erdfloh ist und von Zeit zu Zeit das Leben selbst, wie in einer Art Rache für seine permanente Misshandlung, ein Raubtier hervorbrechen lässt, dann wird das Schlachten bestialisch, denn im Schatten der Macht und zu ihrem Zweck hält sich der Pöbel jetzt selbst für das Licht und bekommt ein Quantum an Macht in die Hand, das er aufgrund seiner Schwäche nie errungen hätte, das er folglich nicht schätzen kann und dessen er daher nicht würdig ist. Er wird es notwendig missbrauchen. Grausamkeit ist eine Frage der Distanz und dazu gehört nicht, dass man etwas Höheres ist, es reicht schon, dass man sich für etwas Höheres hält. Grausamkeit ist auch eine Frage der Dummheit.

Wie auch immer, man kommt bei einer Steigerung des Lebens nicht um eine Steigerung des Sterbens herum. Jedoch spricht einiges dafür, dass gerade die Moderne – als eine Zeit der Dekadenz – ein Übermaß an „Mord und Totschlag" produziert. Wenn Nietzsche also am großen Mittag dem Leben wieder zu seinem Recht verhelfen will, so wird die Konsequenz, am Stand der Dinge gemessen, keineswegs eine Steigerung des Leidens und der Grausamkeit sein.

> Man hat schlecht dem Leben zugeschaut, wenn man nicht auch die Hand gesehn hat, die auf schonende Weise – tödtet.[218]

An diese Stelle schließt der letzte Abschnitt dieser Arbeit, *Die Frohe Botschaft*, an.

EIN ANDERER WERTGESICHTSPUNKT

Die Erde war einst ein toter Planet und es ist heute durchaus vorstellbar, dass sie dem Leben eines Tages nicht mehr genug sein wird. Leben, das ist die permanente Überwindung des Alten durch das Neue – und darin ein ständiger Wille nach mehr Macht zu eben diesem Zweck. Das Maß der Freiheit dazu bemisst sich nach dem Widerstand, der bereits überwunden werden musste, und dieser ist zugleich das Maß der erreichten Macht.

> Die Grösse eines „Fortschritts" *bemisst* sich sogar nach der Masse dessen, was ihm Alles geopfert werden musste; die Menschheit als Masse dem Gedeihen einer einzelnen *stärkeren* Species Mensch geopfert – das *wäre* ein Fortschritt...[219]

Der Satz widerspricht unseren gewohnten Wertschätzungen, weil wir es nicht gewöhnt sind, im Leben den Tod zu sehen und im Streben nach Macht die Unterwerfung kleinerer Mächte und die Umdeutung oder Vernichtung deren eigner Zielsetzungen als Notwendigkeit zu erkennen. Wir denken „Fortschritt" vom Ziel her:

Leben und Wert

> Das Auge als gemacht zum Sehen, die Hand
> als gemacht zum Greifen. So hat man sich auch die
> Strafe vorgestellt als erfunden zum Strafen. Aber
> alle Zwecke, alle Nützlichkeiten sind nur *Anzei-
> chen* davon, dass ein Wille zur Macht über etwas
> weniger Mächtiges Herr geworden ist und ihm von
> sich aus den Sinn einer Funktion aufgeprägt hat[220]

So sind die Alliierten und die Russen über den Zweiten Weltkrieg und Deutschland Herr geworden und haben aus diesem Ereignis ein Mittel zur Einführung der Demokratie beziehungsweise des Sozialismus gemacht. Aber waren das die Gründe für diesen Krieg? Und wie lange wird er noch als Funktion dazu verstanden werden? Der Zweck eines Dinges hat nichts mit seiner Entstehung zu tun. Es gibt

> für alle Art Historie gar keinen wichtige-
> ren Satz als jenen, der mit solcher Mühe errungen
> ist, aber auch wirklich errungen *sein sollte*, –
> dass nämlich die Ursache der Entstehung eines
> Dings und dessen schliessliche Nützlichkeit, des-
> sen thatsächliche Verwendung und Einordnung in
> ein System von Zwecken toto coelo auseinander
> liegen; dass etwas Vorhandenes, irgendwie Zu-
> Stande-Gekommenes immer wieder von einer ihm
> überlegenen Macht auf neue Ansichten ausgelegt,
> neu in Beschlag genommen, zu einem neuen Nutzen
> umgebildet und umgerichtet wird; dass alles Ge-
> schehen in der organischen Welt ein *Überwältigen,
> Herrwerden* und dass wiederum alles Überwältigen
> und Herrwerden ein Neu-Interpretieren, ein Zu-
> rechtmachen ist, bei dem der bisherige „Sinn" und
> „Zweck" nothwendig verdunkelt oder ganz ausge-
> löscht werden muss.[221]

Daraus ergibt sich, um bei dem aufgegriffenen Beispiel zu bleiben, die Wertschwankung bezüglich historischer Ereignisse. Für die Russen – und mehr noch die Amerikaner – war der Zweite Weltkrieg eine Menge wert, für die Deutschen, die in der Auslegung und Umdeutung aus Mangel an Macht nicht sonderlich weit kamen, verlor der Krieg so sehr an Bedeutung, dass man einige Jahrzehnte gar nicht mehr darüber sprach, dass einzige, was man im Kopf behielt, oder behalten musste, waren die Schandtaten, sein negativer Wert.

Über solche vom Zweck her vorgenommenen Wertschätzungen ist der oben vorgeführte Wertgesichtspunkt relativ erhaben, er ist ehrlicher. Er ermöglicht darüber hinaus recht einfache Antworten auf scheinbar so komplizierte Fragen. Der Wert des Zweiten Weltkriegs? Dutzende Städte auf der ganzen Welt zerbombt, circa 40 Millionen Menschen tot! 40 Millionen menschliche Willen zur Macht einfach weg plus vielleicht 60 Millionen gelähmt bis zur Agonie, bereit zur Arbeit und ans Gehorchen gewöhnt. Eine Menge Platz für Neues. Und siehe da: Die „westliche Welt" und Deutschland blühen und die Deutschen sind *noch* klüger geworden. Wie erst, wenn sie endlich wieder frei würden und all ihre Klugheiten zu kräftigen Taten verdauten – nicht die tausendfältige Klugheit (letztendlich das größte Nichtwissen) zur Stärke erklärten, sondern klug blieben und dazu stark würden. Wie es nicht geht, wissen gerade sie ja nun zur Genüge.

> Der Werth einer Sache liegt mitunter nicht in dem, was man mit ihr erreicht, sondern in dem, was man für sie bezahlt, – was sie uns *kostet*.[222/i]

Die Sachen, welche mit dem größten Kraftaufwand, mit den größten Opfern errungen wurden, die haben den größten Wert. *Siehe*, sprach das Leben: *Ich bin das, was sich immer wieder selbst überwinden muss*. Die größten Überwindungen des Lebens sind seine größten Siege. Jede Befreiung, sei es nun die eines Einzelnen, der aus Not und Enge ausbricht, um seinen

---

[i] Derselbe Gedanke findet sich auch bei Marx, der zwischen Gebrauchswert und Wert einer Ware unterscheidet. Ihr Wert liegt einzig in dem Quantum an Arbeit, das zu ihrer Herstellung verausgabt wurde. Dies mag in Hinsicht auf den Fakt etwas beweisen, da es aus einer ganz anderen Ecke kommt, aber dasselbe meint. [vgl. Karl Marx. Das Kapital. Erster Abschnitt, Ware und Geld. Erstes Kapitel, Die Ware.]

Weg, einen anderen Weg als ihm sein bisheriges Leben zeigte, zu gehen, sei es die eines Volkes oder gar der Menschheit als Ganzes, ist unendlich viel mehr wert als die Erhaltung sanfter Bequemlichkeit oder das bloße Durchbringen seiner eigenen Existenz.

Kurz: Was von unten kommt, ist besser als das, was oben bleibt. Und das, was oben bleibt, ist besser als das, was unten bleibt.

> Der freie Mensch ist *Krieger*.[223]

Ziehen wir mit Nietzsche eine letzte Konsequenz aus diesem anderen Wertgesichtspunkt, aus dem Verständnis des Willens zur Macht. Was Nietzsche in Europa obenauf sieht und was auch heute noch über die Maßen obenauf ist, sind verkappte christliche Werte. Es herrschen die Guten und Gerechten, die Schwachen, nicht die Schwächsten, aber die Klügsten der Klugen. „Alle Menschen sind gleich" steht auf ihren Fahnen und sie fordern lauthals die Unmöglichkeit selbst: gleiche Rechte für alle. Eine grenzenlose Heuchelei ist es, was Demokratie heißt. Es ist die „bodenlose Organisation des Normalmenschen"[224], ebenso wie es der real existierende Sozialismus war, um einen Gedanken Heideggers aufzugreifen. Alles ruht auf der Lüge. Der Lüge von der Gleichheit der Menschen, der Lüge von der Wahrheit der sittlichen Weltordnung, der Lüge von der Freiheit der Person. Zuletzt sind wir, soweit wir diese Lügen leben, selbst Gute und Gerechte und – sind damit eine Menge wert! Denn:

> Um abzuschätzen, was ein Typus Mensch werth ist, muss man den Preis nachrechnen, den seine Erhaltung kostet, – muss man seine Existenzbedingungen kennen. Die Existenzbedingung der Guten ist die *Lüge*.[225]

Wir modernen Europäer sind die am teuersten erkaufte Art Mensch. Wir sind nach diesem Wertgesichtspunkt die höchsten Menschen. Was erst wären wir, wenn wir uns selbst überwänden?

Wir sind aber auch die gefährdetsten Menschen. Denn soweit wir durch die über Jahrtausende fortgesetzte und ins immer Absurdere getriebene Lüge (Der Verbrecher der Verbrecher ist der Philosoph[226]) an der permanenten Verkleinerung des Menschen arbeiten, werden wir, ob wir es wollen oder nicht, das Leben gänzlich verlieren, wenn wir nicht beginnen, dem Leben gemäß zu leben. Überwinden wir uns nicht selbst, werden wir überwunden werden. „Leben selbst ist Wille zur Macht"[227].

Die Überwindung der höchsten und höheren Menschen, das ist der Weg des Übermenschen.

Kapitel 4
Der Übermensch

Zarathustra und Dionysos

> Wie, wenn nun Lust und Unlust so mit einem Stricke zusammengeknüpft wären, dass, wer möglichst viel von der einen haben *will*, auch möglichst viel von der andern haben *muss*, – dass, wer das „Himmelhoch-Jauchzen" lernen will, sich auch für das „zum-Tode-betrübt" bereit halten muss? Und so steht es vielleicht![228]

Dies ist *der abgründlichste Gedanke*, „die härteste, die furchtbarste Einsicht in die Realität"[229]. Es war oben schon gesagt, Leben und Tod sind eins, Lust und Unlust ebenso, Schmerz und Glück, wo geschaffen wird, da wird auch vernichtet.

Dies ist die Wahrheit, vor der bisher jeder Idealismus – ob nun verkleidet als Poesie, Religion oder Philosophie – floh, an ihr wird zuletzt deutlich, was es heißt, dass Irrtum Feigheit ist[230].

An diese Wahrheit schließen sich auch all die Gedanken an, die Wagnisse sind, die man wagen muss, wenn man kann – ab hier wird die Wahrheit „erobert". Zum Beispiel der Gedanke, dass

> die Affekte Hass, Neid, Habsucht, Herrschsucht als lebenbedingende Affekte, als Etwas, das im Gesammt-Haushalte des Lebens grundsätzlich und grundwesentlich vorhanden sein muss, folglich

noch gesteigert werden muss, falls das Leben noch
gesteigert werden soll[231]

Oder der Frage nachgehend,

wie bisher die Pflanze „Mensch" am kräftigsten in die Höhe gewachsen ist, vermeinen, dass [...] dazu die Gefährlichkeit seiner Lage erst in's Ungeheure wachsen, seine Erfindungs- und Verstellungskraft (sein „Geist" –) unter langem Druck und Zwang sich in's Feine und Verwegene entwickeln, sein Lebens-Wille bis zum unbedingten Macht-Willen gesteigert werden musste: – wir vermeinen, dass Härte, Gewaltsamkeit, Sklaverei, Gefahr auf der Gasse und im Herzen, Verborgenheit, Stoicismus, Versucherkunst und Teufelei jeder Art, dass alles Böse, Furchtbare, Tyrannische, Raubthier- und Schlangenhafte am Menschen so gut zur Erhöhung der Species „Mensch" dient, als sein Gegensatz: – wir sagen sogar nicht einmal genug, wenn wir nur soviel sagen, und befinden uns jedenfalls, mit unserm Reden und Schweigen an dieser Stelle, am *andern* Ende aller modernen Ideologie und Heerden-Wünschbarkeit: als deren Antipoden vielleicht? Was Wunder, dass wir „freien Geister" nicht gerade die mittheilsamsten Geister sind? dass wir nicht in jedem Betrachte zu verrathen wünschen, *wovon* ein Geist sich frei machen kann und *wohin* er dann vielleicht getrieben wird?[232]

Die Einsicht in die Notwendigkeit von Schmerz, Leid und Tod, das kennzeichnet Zarathustra – und eben dem prägt er das ewige „Ja!" auf. Seine Liebe zum Untergang und allem Untergehenden entspringt seiner Liebe zum Leben. Zarathustra ist der gütigste und freundlichste Vernichter und hat bei all dem nichts von einem Heuchler – einem Religionsstifter.

Der Übermensch

> Der Mensch ist ein Seil, geknüpft zwischen
> Thier und Übermensch, - ein Seil über einem Ab-
> grunde.
> [...] was geliebt werden kann am Menschen,
> das ist, dass er ein *Übergang* und ein *Untergang*
> ist.[233]

Der „Begriff „dionysisch" wurde hier *höchste That*"[234].

Dionysos ist der Gott, welcher Schmerz und Lust, Schöpfung und Vernichtung nicht zu trennen weiß. Seine Seele ist das Dasein selbst; hier irrt und schweift er umher, hinauf und hinunter; ein Sein, welches ständig ins Werden will, ein Haben, welches ständig ins Wollen und Verlangen will, sich selber fliehend und in weitesten Kreisen wieder einholend[235]. Dionysos ist der Urgrund aller Tragödie. Aber da er ein Gott ist, kennt er das Tragische nicht. Ihm fiele nicht ein, wie man am Untergang leiden könnte; daher der, welcher den dionysischen Urgrund der Welt versteht, im tragischen Seufzer ein Zeichen des Verfalls erkennt. Die griechische Tragödie war, soweit sie dieser Seufzer war, ein Zeichen des Untergangs, die ursprüngliche Verehrung des Dionysos das Gegenteil davon:

> das triumphirende Ja zum Leben über Tod und
> Wandel hinaus; das *wahre* Leben als das Gesammt-
> Fortleben durch die Zeugung, durch die Mysterien
> der Geschlechtlichkeit. [...] Alles Einzelne im
> Akte der Zeugung, der Schwangerschaft, der Geburt
> erweckte die höchsten und feierlichsten Gefühle.
> In der Mysterienlehre ist der *Schmerz* heilig ge-
> sprochen: die „Wehen der Gebärerin" heiligen den
> Schmerz überhaupt, - alles Werden und Wachsen,
> alles Zukunft-Verbürgende *bedingt* den Schmerz.[236]

DIE ÜBERWINDUNG DER LETZTEN MENSCHEN

Zarathustra war ein alter Perser. Vor etwa drei Jahrtausenden hat er

> zuerst im Kampf des Guten und des Bösen das eigentliche Rad im Getriebe der Dinge gesehn, – die Übersetzung der Moral in's Metaphysische, als Kraft, Ursache, Zweck an sich, ist *sein* Werk.[237]

Der alte Zarathustra war einem der vier großen Irrtümer aufgesessen. Er hatte die Folgen mit den Ursachen verwechselt.[238] Er hatte die Moral, welche nicht mehr als die Ausgeburt des schwachen, niedergehenden Lebens ist, an den Anfang aller Lebensregungen gesetzt, als Ursache derselben. Damit aber war alles zu ihrer Verklärung vorbereitet. Die Moral und alles Moralische wurden zum Guten an sich, alles A-moralische, was nicht mehr und nicht weniger ist als Ausdruck des aufsteigenden, starken, in seinem Wesen noch unversehrten Lebens, wurde als das Böse gebrandmarkt. In der Fortsetzung, Verlängerung und Ausweitung dieses Irrtums, an den sich nun ein Fehler nach dem anderen anschloss, kam der Mensch dazu, den Kampf gegen das Leben selbst aufzunehmen. Er arbeitet seitdem, mehr oder weniger unbemerkt, an der Züchtung des „Erdflohs".

> Seht! Ich zeige euch *den letzten Menschen*.
> „Was ist Liebe? Was ist Schöpfung? Was ist Sehnsucht? Was ist Stern?" – so fragt der letzte Mensch und blinzelt.
> Die Erde ist dann klein geworden, und auf ihr hüpft der letzte Mensch, der Alles klein macht. Sein Geschlecht ist unaustilgbar, wie der Erdfloh; der letzte Mensch lebt am längsten.
> „Wir haben das Glück erfunden" – sagen die letzten Menschen und blinzeln. [239]

Liebe, das ist ein verlangendes Streben über sich hinaus. Eros, sagt Platon, ist etwas zwischen „hässlich und schlecht" und „gut und schön", auch etwas zwischen dem Sterblichen und dem Unsterblichen.[240] Und eben als ein solches Zwischenwesen ist Eros ein Strebender und Verlangender, zum Besseren hin, will er immer über sich hinaus. Ein Ziel erkennt der Liebende im Geliebten, etwas Besseres, Schöneres, Ewigeres, und darauf geht sein Verlangen. Das, was er gern wäre, sieht er im Geliebten und strebt so zur Überwindung seiner selbst. Dazu bedarf es der Liebe, das ist ihr Werk.

Schöpfung ist soweit eine Folge der Liebe, der Stern ein offenes Sinnbild des Geliebten und die Sehnsucht das Wesen der Liebe selbst.

> Wehe! Es kommt die Zeit, wo der Mensch nicht mehr den Pfeil seiner Sehnsucht über den Menschen hinaus wirft, und die Sehne seines Bogens verlernt hat, zu schwirren!
> Ich sage euch: man muss noch Chaos in sich haben, um einen tanzenden Stern gebären zu können. Ich sage euch: ihr habt noch Chaos in euch.
> Wehe! Es kommt die Zeit, wo der Mensch keinen Stern mehr gebären wird. Wehe! Es kommt die Zeit des verächtlichsten Menschen, der sich selber nicht mehr verachten kann.[241]

Das aber ist *der letzte Mensch*. Der selbstzufriedene, sich selbst liebende, der *in sich ruht*. – Der lebt nicht mehr, der ist nur noch da.

Und darauf hin arbeitet der Mensch mit seiner Moral. Man will den Krieg nicht mehr, weder den inneren, den mit sich selbst, noch den miteinander. Die Schwäche erträgt ihn nicht und wo sie qua Moral zu Würden kommt, macht sie noch schwächer. Alles Unberechenbare, Plötzliche, Herausfordernde, zur Veränderung und Überwindung Zwingende – kurz: das Chaos – wird zum Erzfeind des Erdflohs. Die Angst ist der Motor all seines Tuns. „Vermeidung" heißt sein oberstes Gebot. Der gute Schlaf, der sanfte Traum werden begehrt. Schon wo „schlecht" geträumt wird, wittert man die Gefahr und hört den Ruf zum „ewigen Frieden" – man erträgt selbst das nicht mehr. „Seid klug und werdet klüger!", rufen die letzten Menschen. So schaffen wir das Leiden ab. Nicht kluge Krieger wollen sie sein, sondern klug jeden Krieg vermeiden – die Guten.

Was sie damit wirklich abschaffen, war schon gesagt – das Leben. Und dies ist die Einsicht Zarathustras. Hierin sieht sich Nietzsche als „Ersten": *die christliche Moral und die ihr folgenden modernen Ideen als Lebensverleumderinnen entdeckt zu haben.*

Zarathustra *schuf* diesen verhängnisvollsten Irrthum, die Moral: folglich muss er auch der Erste sein, der ihn *erkennt*.[242]

Zarathustra, der erste Psycholog der Guten, ist – folglich – ein Freund der Bösen.[243]

Und Nietzsche zieht daraus die Konsequenz:

– *Dionysos gegen den Gekreuzigten ...*[244]

Das Leben selbst gegen alle Dekadenz und Lebensfeindschaft gestellt – von hier nimmt die „Umwertung aller Werte" ihren Ausgang. Zu diesem Zweck stellt Nietzsche den Übermenschen als Ziel über die Menschen hin und lässt in Zarathustra den Begriff Übermensch höchste Realität werden[245]. Mit und in ihm kommt das Leben wieder zu seinem Recht und Vorrecht. Es herrscht nicht mehr die Feigheit, der Irrtum, sondern die Wahrhaftigkeit und Zarathustra ist – dem ewigen Gesetz des Lebens von der Selbstüberwindung folgend – der Erste, der sich selbst als Untergehenden segnet, der bewusst stirbt; sich auf sein Ziel hin – die Aufhebung eines alten und verhängnisvollen Irrtums – verbrennt und Licht schafft, um

einen Augenblick höchster Selbstbesinnung der Menschheit vorzubereiten, einen *grossen Mit-*

tag, wo sie zurückschaut und hinausschaut, wo sie aus der Herrschaft des Zufalls und der Priester heraustritt und die Frage des warum?, des wozu? zum ersten Male *als Ganzes* stellt.²⁴⁶

WAS „DER ÜBERMENSCH" IST

Die Realität des Übermenschen ist, soweit die Betonung auf „Über-" liegt, die Realität eines Begriffs, und es bleibt, über Nietzsche hinaus, genug Platz, den Begriff mit Bedeutung zu füllen. Der Regenbogen ist nicht umsonst eines seiner Sinnbilder.

Der Übermensch ist ein Ziel und eine Hoffnung, ins Diesseits gestellt, eine Aufforderung zur Überwindung des Menschen und all des Menschlichen, Allzumenschlichen. „Über dich hinaus!", so befiehlt das Leben – und dazu soll uns der Begriff Übermensch vorweglaufen, bis vielleicht, dereinst, „aus der dunklen Wolke Mensch" „der Blitz" schlägt. Und wer weiß, was dann.

Zu ein wenig Übermenschlichkeit mag es hier und da, und vielleicht immer öfter, der eine oder andere Mensch selbst bringen. An sich selbst die Schwäche und alles Schwache als solches erkennen! Mut zur Wahrheit! Mut zur Überwindung! Mut zur Wahrhaftigkeit! Mut zu sich selbst! Und nicht zuletzt: Mut zum Leiden! Zuallerletzt aber auch: Keine Angst zu sterben! „Was liegt an mir?" Das sind vielleicht die besten Wegweiser zu diesem Ziel. Sich aber selbst für einen Übermenschen zu halten, zu meinen, man selbst wäre das Ziel, das wäre der verhängnisvollste aller Fehler. Denn *Ziel und Hoffnung soll der Übermensch sein*, um daraufhin „sich selbst daran zu wagen", dazu ist der Gedanke des Übermenschen da und dazu muss er offen bleiben. Er soll dem Leben Platz schaffen.

„Der Mensch ist ein Seil, geknüpft zwischen Thier und Übermensch, – ein Seil über einem Abgrunde."²⁴⁷ Jeder wird irgendwann fallen, über jeden wird irgendwann ein Besserer hinwegspringen. Daran aber nicht zu leiden, sondern sich dessen zu freuen, dazu kann uns der Gedanke an den Übermenschen helfen. *Der Übermensch ist das ständige Über- und Übermorgen, das, wovon unser Wille sage, es „sei der Sinn der Erde".* Der Übermensch ist damit die Aufhebung des ewigen Umsonst im dionysischen Spiel, ein Trick, den sich das Leben erfand, als es genug von Göttern hinter der Welt hatte. *Der Übermensch ist die apollinische Schönheit, in der unser Schaffen vom großen Mittag an aufgehoben sei.*

DIE BRÜCKEN DES ÜBERMENSCHEN

Denn, glaubt es mir! - das Geheimniss, um die grösste Fruchtbarkeit und den grössten Genuss vom Dasein einzuernten, heisst: *gefährlich leben*![248]

ÜBERMENSCH UND KRIEG

Wir wissen es, die Welt, in der wir leben, ist ungöttlich, unmoralisch, „unmenschlich", - wir haben sie uns allzu lange falsch und lügnerisch, aber nach Wunsch und Willen unsrer Verehrung, das heisst nach einem *Bedürfnisse* ausgelegt.[249]

... nach dem Bedürfnis der Schwäche.

Und was haben wir davon gehabt? Nun, ich denke, es ist nicht falsch zu sagen, dass die Welt in summa immer unmenschlicher geworden ist. Wo auch immer wir hinsehen, es gibt mehr Leiden als nötig wäre. Warum? Wir sind den falschen Idealen gefolgt, denen des Nicht-Lebens. Verstört schauen wir nun nach dem Leben hin – und fürchten uns.

Was uns fürchten macht, sind zuletzt die Versprechungen des alten Ideals. Der Frieden zum Beispiel macht uns den Krieg fürchten. Die Lehrer der alten Ideale lehren immer noch, den Krieg zu hassen, und lenken so unsere Bemühungen – ins Nichts, den ewigen Frieden. Wir haben solche Angst vor der Auseinandersetzung, dass wir selbst vor jedem Gedanken daran fliehen und es uns vergeben, sie menschlich zu gestalten. Was Wunder, dass sie dann, irgendwann doch in ihrer Unausweichlichkeit an uns herandrängend, giftig wird und in einem ganz anderen Sinne jenseits von Gut und Böse endet, im völligen Unsinn. Wir haben es oft genug im Großen gesehen und sehen es, wenn wir wollen, täglich im Kleinen. Wir sollten besser den Konflikt ausschlachten, als uns im Namen des Friedens gegenseitig zu schlachten.

Wozu ist der Krieg gut? „Um zu sehen, wo man steht, um sich selbst zu versuchen!"

Man sieht, der Krieg kommt „von unten", aber er führt nach oben. Die Moral kommt auch von unten, aber sie führt noch tiefer. Man muss sich von Zeit zu Zeit in echte Kämpfe begeben, um stärker, um besser zu werden. Wir brauchen den Krieg, gesetzt, wir wollen das Leben, und er hat beinahe ebenso viele Gesichter wie das Leben. Der Krieger achtet das Leben, wenn er auch die Schwäche gering schätzt, dies ist *sein* Recht, ja, seine Pflicht, denn er achtet das Leben – daher auch dankt er seinem Gegner; er wurde stärker an ihm.

Zuletzt die Grausamkeit: Es war schon mehr oder weniger deutlich gesagt, man täusche sich nicht, sie ist ein Auswuchs der Ohnmacht, der „Krieg" nach unten, der Schäbige, dem es nicht um *seinen* Sieg, sondern um die Niederlage des anderen geht, der kläglichste letzte Rest des verkrüppeltsten Willens zur Macht oder manchmal auch „bloß" gnadenlose Dummheit gepaart mit unendlicher Angst. Wie viel Leiden, wie viele Opfer gehen auf diese Rechnung?

So wenig *jenseits von Gut und Böse* meint jenseits von Gut und Schlecht²⁵⁰, so wenig meint *Umwertung aller Werte* Umkehrung aller Werte. Das sollte soeben deutlich werden. *Der Übermensch ist kein Unmensch.*

> Meine Brüder im Kriege! Ich liebe euch von Grund aus, ich bin und war Euresgleichen. Und ich bin auch euer bester Feind. So lasst mich denn euch die Wahrheit sagen!
> Ich weiss um den Hass und Neid eures Herzens. Ihr seid nicht gross genug, um Hass und Neid nicht zu kennen. So seid denn gross genug, euch ihrer nicht zu schämen!
> [...]
> Euren Feind sollt ihr suchen, euren Krieg sollt ihr führen und für eure Gedanken! Und wenn euer Gedanke unterliegt, so soll eure Redlichkeit darüber noch Triumph rufen!
> Ihr sollt den Frieden lieben als Mittel zu neuen Kriegen. Und den kurzen Frieden mehr, als den langen.
> [...]
> Ihr sagt, die gute Sache sei es, die sogar den Krieg heilige? Ich sage euch: der gute Krieg ist es, der jede Sache heiligt.²⁵¹

ÜBERMENSCH UND RELIGION

> *Dass der Mensch erlöst werde von der Rache:* das ist mir die Brücke zur höchsten Hoffnung und ein Regenbogen nach langen Unwettern.²⁵²

Religionen sind Nonsens, Unsinn, ohne Sinn. Sobald sie ins Transzendente greifen, meinen sie nichts mehr und können alles behaupten. Sie sind die gefährlichsten Waffen im Umgang mit der Dummheit. Wer Hoffnung braucht, der lege sie in sein Morgen und verpflichte sich so für *sein* Heute. Religion, das ist Operation mit transzendenten Tatsachen (Unfug also) und als solche gehört sie abgeschafft – eine jede.

Man widerlegt eine Sache, indem man sie achtungsvoll auf's Eis legt, – ebenso widerlegt man auch Theologen...[253]

ÜBERMENSCH UND STAAT

Staat? Was ist das? Wohlan! Jetzt thut mir die Ohren auf, denn jetzt sage ich euch mein Wort vom Tode der Völker.
Staat heisst das kälteste aller kalten Ungeheuer. Kalt lügt es auch; und diese Lüge kriecht aus seinem Munde: „Ich, der Staat, bin das Volk."
Lüge ist's! Schaffende waren es, die schufen die Völker und hängten einen Glauben und eine Liebe über sie hin: also dienten sie dem Leben.
[...]
Dieses Zeichen gebe ich euch: jedes Volk spricht seine Zunge des Guten und Bösen: die versteht der Nachbar nicht. Seine Sprache erfand es sich in Sitten und Rechten.
Aber der Staat lügt in allen Zungen des Guten und Bösen; und was er auch redet, er lügt – und was er auch hat, gestohlen hat er's.
Falsch ist Alles an ihm; mit gestohlenen Zähnen beisst er, der Bissige. Falsch sind selbst seine Eingeweide.
Sprachverwirrung des Guten und Bösen: dieses Zeichen gebe ich euch als Zeichen des Staates. Wahrlich, den Willen zum Tode deutet dieses Zeichen! Wahrlich, es winkt den Predigern des Todes!
Viel zu Viele werden geboren: für die Überflüssigen ward der Staat erfunden!

> Seht mir doch, wie er sie an sich lockt,
> die Viel-zu-Vielen! Wie er sie schlingt und kaut
> und wiederkäut!
> „Auf der Erde ist nichts Grösseres als ich:
> der ordnende Finger bin ich Gottes" - also brüllt
> das Unthier. Und nicht nur Langgeohrte und Kurz-
> geäugte sinken auf die Kniee!
> Ach, auch in euch, ihr grossen Seelen,
> raunt er seine düsteren Lügen! Ach, er erräth die
> reichen Herzen, die gerne sich verschwenden!
> [...]
> Ja, ein Sterben für Viele ward da erfunden,
> das sich selber als Leben preist: wahrlich, ein
> Herzensdienst allen Predigern des Todes!
> Staat nenne ich's, wo Alle Gifttrinker
> sind, Gute und Schlimme: Staat, wo Alle sich sel-
> ber verlieren, Gute und Schlimme: Staat, wo der
> langsame Selbstmord Aller - „das Leben" heisst.
> Seht mir doch diese Überflüssigen! Sie
> stehlen sich die Werke der Erfinder und die
> Schätze der Weisen: Bildung nennen sie ihren
> Diebstahl - und Alles wird ihnen zu Krankheit und
> Ungemach.
> Seht mir doch diese Überflüssigen! Krank
> sind sie immer, sie erbrechen ihre Galle und nen-
> nen es Zeitung. Sie verschlingen einander und
> können sich nicht einmal verdauen.
> Seht mir doch diese Überflüssigen! Reicht-
> hümer erwerben sie und werden ärmer damit. Macht
> wollen sie und zuerst das Brecheisen der Macht,
> viel Geld, - diese Unvermögenden![254]

Ob wir Deutschen heute noch ein Volk sind? Einen Staat jedenfalls, den haben wir. Ob es heute überhaupt noch darum geht, Volk unter Völkern zu sein? Mir scheint es so. Denn die Menschen sind noch lange nicht so weit, dass sich die Menschheit auch nur wünschen könnte, ein Volk zu sein. Das „eine Ziel" fehlt. Und „den Übermenschen" oder „das Leben" als solches zu versuchen, wäre nicht eine irrsinnige Übereilung, sondern der größte Unfug. Am besten sollte man, wenn überhaupt und falls es so weit ist, beim Menschen bleiben. Jedoch ist es selbst bis dahin noch ein ganzes Stück Weg. Von Götzenbildern verdunkelt und ins Transzendente verzerrt, so steht der Mensch auch heute noch meistens im Blick und blickt auch meistens so.

Was in Bezug auf das Thema dieses Abschnitts, mit Nietzsche, als Folgen der Blendungen zu erkennen und daher vom Kopf auf die Füße zu stellen wäre, will ich hier mit einer alternativen Formulierung der Präambel zum Deutschen Grundgesetz darstellen.

Grundgesetz für die Bundesrepublik Deutschland. Präambel. – Im Bewusstsein seiner Verantwortung vor Gott und den Menschen, von dem Willen beseelt, als gleichberechtigtes Glied in einem vereinten Europa dem Frieden der Welt zu dienen, hat sich das Deutsche Volk kraft seiner verfassungsgebenden Gewalt dieses Grundgesetz gegeben.[255]

Alternative. – Im Bewusstsein ihrer Verantwortung für die Menschen, von dem Willen beseelt, als ein Glied der Vereinigung Europas zu dienen und in Achtung der Völker dieser Erde, stellt die deutsche Regierung kraft der Gewalt des deutschen Volkes dieses Grundgesetz über alle Deutschen auf.

Erläuterungen. – Erstens: Was soll das sein: „Verantwortung vor ..."? Vor Gott? Gesetzt, Er/Sie/Es sei überhaupt etwas: Das, was wir am wenigsten erkennen können, dessen Willen wir folglich am wenigsten kennen können, es sei denn den Willen der Priester, im Bewusstsein der Verantwortung vor *dem* (unbekannten Diktator)? Soll es das bedeuten? Kann man das wollen?

Zweitens: „vor" den Menschen? Ich verstehe das nicht. Hat der Unternehmer Verantwortung „*vor*" der Firma? Die Mutter oder der Vater *vor* dem Kind? Die Firma oder das Kind sind doch nichts, was dem Unternehmer oder den Eltern vorsteht. Und selbst wenn, dann hieße es besser: „Verantwortlichkeit gegenüber". Es ist der Unternehmer, der der Firma vorsteht, und die Eltern stehen dem Kind vor. Es kann also nur „Verantwortung für" heißen und damit ist auch wirklich etwas gesagt. Die größere Macht übernimmt Verantwortung *für* die kleinere, die Stärkeren *für* die Schwächeren. Wenn überhaupt, dann ergibt es so einen recht festen und deutlich begreifbaren Sinn. Gerade hier sollte man die Sache nicht in Undeutlichkeiten aufweichen oder gar umkehrbar, wegschiebbar machen. „Für" ist die eindeutigste Bindung der Regierung und „*für* die Menschen" sei die deutlichste Fessel ihrer Richtung.

Verantwortung „vor", das bedeutet, sich mit der Erfüllung einer Vorgabe „entantworten" zu können. Als *Exekutive* kann es keine Verantwortung einer Regierung „vor" irgendetwas geben – höchstens „*für*" – Gott ist tot.

Drittens: „als gleichberechtigtes Glied in einem vereinten Europa" – Die Vereinigung Europas ist eine Aufgabe! Ein Ziel! Es besteht bei Weitem noch nicht. Und wer zwingt uns, auf Lügen zu bauen? „Gleichberechtigt"? Nehmen wir uns das heraus? Oder bringen wir uns darauf herunter? Und überhaupt, vielleicht sollte man nicht unbedingt den zweiten vor dem ersten Schritt machen. Es wäre unsere erste und beste Aufgabe, mit uns selbst ins Reine zu kommen, und besser sollte noch vor dem Dienst an Europa der fortwährende Dienst an der Deutschen Einheit stehen. „Kümmere dich erst um den Splitter in deinem Auge, bevor du dich dem Pfahl im Auge deines Bruders zuwendest." Es ist auch besser für das Auge deines Bruders. Wir Deutschen sehen und verstehen uns selbst noch lange nicht deutlich genug.

Viertens: „dem Frieden der Welt zu dienen" – Nicht nur in der Tat, auch im Willen sollte man sich nicht übernehmen. Wer zwingt uns dazu, uns selbst vor unlösbare Aufgaben zu stellen, die gar zur Rechtfertigung allerlei schlimmer Dinge herhalten könnten? Und was ist hier überhaupt gemeint? Der „ewige Frieden", zur Not mit allem und jedem?

Fünftens: „Das deutsche Volk gibt sich selbst, kraft seiner verfassunggebenden Gewalt, ein Gesetz?" Wenn ich mir selbst ein Gesetz gebe, brauche ich dann noch jemanden, der es mir gibt? Höchstens eine Metapher kann das sein. Faktisch ist es ohnehin eine Fiktion. Bleiben wir doch ehrlich! Es hilft nichts, sich in wirren Kreisen zu verlieren. Es ist eine Regierung (damals waren es ein paar mehr), die das Gesetz „gibt". Und zuletzt ist diese Regierung nichts ohne die von ihr Regierten und umgekehrt. Die fortgesetzte Sicherstellung von Loyalität durch das ständige Versuchen dessen: „Wer befehlen kann, wer gehorchen muss"[256], das bleibt vielleicht vom Begriff Demokratie, aber wozu an alten und irreführenden Begriffen kleben? Warum überhaupt am „Staat" kleben?

> Frei steht grossen Seelen auch jetzt noch die Erde. Leer sind noch viele Sitze für Einsame und Zweisame, um die der Geruch stiller Meere weht.
> Frei steht noch grossen Seelen ein freies Leben. Wahrlich, wer wenig besitzt, wird um so weniger besessen: gelobt sei die kleine Armuth!
> Dort, wo der Staat aufhört, da beginnt erst der Mensch, der nicht überflüssig ist: da beginnt das Lied des Nothwendigen, die einmalige und unersetzliche Weise.
> Dort, wo der Staat *aufhört*, – so seht mir doch hin, meine Brüder! Seht ihr ihn nicht, den Regenbogen und die Brücken des Übermenschen? –[257]

ÜBERMENSCH UND FREUND UND FREUNDSCHAFT

Triff mich tief, so hättest du dir einen Lorbeer verdient. Das wäre ein wahrer Freundschaftsdienst, mich tief zu treffen, mich vor mich selbst hinzustellen, wie ich noch nie vor mir stand, mich etwas Neues von mir sehen zu lassen, einen Abgrund mehr – zu überwinden oder anzunehmen.

Übermenschen schonen sich nicht. Sie treiben sich gegenseitig immer weiter über sich selbst hinaus und in sich selbst hinein –

so werden sie immer umfänglichere und immer tiefere Gestalten.

```
Alles Glück auf Erden,
Freunde, giebt der Kampf!
Ja, um Freund zu werden,
Braucht es Pulverdampf!
Eins in Drei'n sind Freunde:
Brüder vor der Noth,
Gleiche vor dem Feinde,
Freie - vor dem Tod!258
```

Freundschaft hat viel mit Achtung voreinander zu tun und dem Wissen um diese Achtung. Wie aber soll man Achtung voreinander gewinnen, wenn nicht im Kampf, und so gehört notwendig die Fähigkeit zur Feindschaft dazu, Freund sein zu können. Nicht weniger gehört die Liebe dazu und nicht selten verachtet man im Freund sich selbst und liebt sich selbst in ihm. Wo man nur ein Über-Sich sieht, da kann man nicht Freund sein, da verehrt man. Wo man nur ein Unter-Sich sieht, kann man ebenfalls nicht Freund sein, da verachtet man. Und so wie Eros eine Art Mitte zwischen einem verachteten Unten und einem verehrten Oben ist, so gehört die Liebe ins Wesen der Freundschaft. Ohne zu lieben, kann man keinen *guten Krieg* führen. Man sorge dafür, dass man geachtet werden kann.

```
Du kannst dich für deinen Freund nicht
schön genug putzen: denn du sollst ihm ein Pfeil
und eine Sehnsucht nach dem Übermenschen sein."259
```

Man sei sich aber genauso sicher, dass man verachtet wird, wo man Freund ist, und wisse, dass es gut so ist. Denn wahre Freundschaft spricht ohne Wehmut: „Gehst du gen Morgen: so werde ich gen Abend ziehen"260. Zuletzt aber überwindet der Freund die schlimme Verachtung und setzt an ihre Stelle die Einsicht in das andere. Wenn er erkennt, dass alle Meinungen und deren Art und Stärke bei seinen Mitmenschen ebenso nothwendig und unverantwortlich sind wie ihre Handlungen, [so] gewinnt er das Auge für diese innere Nothwendigkeit der Meinungen aus der unlösbaren Verflechtung von Charakter, Beschäftigung, Talent, Umgebung ...[261]

So überwindet er auch die ihn vielleicht heimlich beschleichende Sorge, dass niemand ihm Freund sein könne, da keiner so empfindet wie er, da keiner ihn kennt. Dass man den anderen sich selbst lasse, das gehört ebenso zur Freundschaft, und daher tut es not, vor dem Freund zu schweigen. „Im Errathen und Stillschweigen soll der Freund Meister sein: nicht Alles musst du sehn wollen."[262] Das Mitleiden aber sei aus der Freundschaft verbannt. Wo Mitleid herrscht, da ist man nicht mehr Freund.

Ich lehre euch den Freund, in dem die Welt fertig dasteht, eine Schale des Guten, – den schaffenden Freund, der immer eine fertige Welt zu verschenken hat.[263]

... und zuletzt, wenn nötig, sogar einen „vollbringenden Tod" – keine Träne, ein „Ja!" zum Abschied.

ÜBERMENSCH UND MANN UND WEIB UND ZEUGUNG

Der beste Freund wird wahrscheinlich die beste Gattin bekommen, weil die gute Ehe auf dem Talent zur Freundschaft beruht.[264]

Was *Ekel* am Menschen verursacht, das ist seine permanente Selbstverkleinerung, die Degenereszens. Die Gründe für das *Mitleid* mit dem Menschen sind „das ewige Umsonst" und „das ewige Zu-spät", sein Vorwärts-Stolpern, das Spiel kruder Zufälle im Hinderlichen und im Dienlichen, die Macht der Schwäche. Der Mensch steht zu oft noch neben sich und wagt, handelt und erkennt daher meist zu spät und häufig umsonst. Er tötet und vernichtet aus falschen Gründen und Hoffnungen das Falsche und auch bei der Zeugung widerfährt ihm oft genug dasselbe.

Als die werdende Mutter sich zur Entbindung ins Krankenhaus aufmachte, rief die alte Russin ihr aus dem Fenster hinterher: „Ein Prinz soll es werden! Ein Prinz soll es werden!"

> Der Strahl eines Sternes glänze in eurer Liebe! Eure Hoffnung heisse: „möge ich den Übermenschen gebären!"[265]

Und was sonst könnte man sich wünschen, was sonst könnte man seinem Kind wünschen, als dass es besser und größer werde als man selbst? Aber was tut man dafür? Wie oft ist es gerade nicht der Wille zum Übermenschen, der den Partner zugunsten des Kindes wählt, sondern das Kind zugunsten seiner selbst, das Kind zur Selbstbefriedigung und der Partner ohnehin?

> Durst dem Schaffenden, Pfeil und Sehnsucht zum Übermenschen: sprich, mein Bruder, ist diess dein Wille zur Ehe?[266]

Der Wahn von der „unbefleckten Empfängnis", die Verlästerung der Zeugung und ihre Verschwisterung mit dem schlechten Gewissen ist eine Erblast der Kirche und gerade dort, wo man Letztere am ehesten überwunden glaubt, unter Gentechnikern, ist gerade dieser Wahn noch am mächtigsten. Was will man denn da? Den Menschen „unabhängig" vom Menschen schaffen, davon träumt man. Dass aber die Erziehung „eine Fortsetzung der Zeugung"[267] ist, dass das „Schaffen" eines Menschen eine fortgesetzte Zeugung ist, das übersieht man gerade über die „Genkombinatorik" am ehesten. Dass die Erziehung aber auch „oft eine Art nachträglicher Beschönigung"[268] der Zeugung ist, liegt an dem zuerst aufgeworfenen Problem, zu dem das eben genannte höchstens zum Teil eine Lösung darstellen kann.

> Du bist jung und wünschest dir Kind und Ehe. Aber ich frage dich: bist du ein Mensch, der ein Kind sich wünschen *darf*?
> Bist du der Siegreiche, der Selbstbezwinger, der Gebieter der Sinne, der Herr deiner Tugenden? Also frage ich dich.
> Oder redet aus deinem Wunsche das Thier und die Notdurft? Oder Vereinsamung? Oder Unfriede mit dir?
> Ich will, dass dein Sieg und deine Freiheit sich nach einem Kinde sehne. Lebendige Denkmale sollst du bauen deinem Siege und deiner Befreiung.
> Über dich sollst du hinausbauen. Aber erst musst du mir selber gebaut sein, rechtwinklig an Leib und Seele.
> Nicht nur fort sollst du dich pflanzen, sondern hinauf! Dazu helfe dir der Garten der Ehe!
> Einen höheren Leib sollst du schaffen, eine erste Bewegung, ein aus sich rollendes Rad, – einen Schaffenden sollst du schaffen.
> Ehe: so heisse ich den Willen zu Zweien, das Eine zu schaffen, das mehr ist, als die es schufen. Ehrfurcht vor einander nenne ich Ehe als vor den Wollenden eines solchen Willens.
> Diess sei der Sinn und die Wahrheit deiner Ehe.[269]

Mann und Weib sind wie Adler und Schlange, die Tiere Zarathustras, das „stolzeste Thier unter der Sonne und das klügste Thier unter der Sonne"[270], beides Raubtiere zuletzt.

Stolz und Klugheit, Überwindung und Perfektion[271], das ewig Treibende und das ewig Ziehende, Tiefe und Oberfläche[272], Wille und das Wollen des Willens[273], das monumentale und das antiquarische, das auch Abgründe noch Überschauende und der Krieg im und um das Jetzt[274] – das sind Mann und Weib, der Unterschied zwischen den Geschlechtern, die Typen.

Frauen haben den schärferen, den gegenwärtigeren Verstand. Wo Männer nach vorne und hinten in die Tiefe blicken, geht der weibliche Intellekt auf die vollkommene Beherrschung des Hier und Jetzt, welches der Mann, um Gestern und Morgen willen, gern zum Opfer bringt. Frauen sind die schützenden, Männer die wagenden Krieger. Und insofern mögen sie sich, soweit sie nicht zusammen regieren können, hierin abwechseln.

Stolz ist das Zeichen von Selbstgewissheit, woher immer diese rührt. Der Stolz gibt dem Willen recht und hält ihn von den anderen Willen fern, er zieht Grenzen um den Wollenden und kann so Ehrfurcht wecken oder auch der Lächerlichkeit preisgeben. An beidem misst sich der Stolz – heimlich.

Frauen wollen stolze Männer, selbstgewisse, die Herren ihres Willens sind. Ihr Stolz misst sich am Willen des Mannes und fragt: „Ist er meiner würdig?" Diese Art des Frauenstolzes treibt den Mann, vor (s)einem Weib stehend, zu der Frage: „Bin ich ihrer würdig?" So züchten beide den Willen und der eine genießt ihn an sich, die andere an ihm.[275]

Die Liebe des Mannes zum Weibe ist ein Besitzen-Wollen, die des Weibes zum Mann ein Besessen-werden-Wollen. „Liebe" heißt dem Weib „vollkommene Hingabe (nicht nur Hingebung) mit Seele und Leib, ohne jede Rücksicht, jeden Vorbehalt, mit Scham und Schrecken vielmehr vor dem Gedanken einer verklausulierten, an Bedingungen geknüpften Hingabe"[276]. Für den Mann heißt „Liebe", eben diese Liebe vom Weibe zu wollen. Er will reicher werden. Sie will reicher machen. Beide verstehen unter Liebe etwas vollkommen Verschiedenes und nicht selten wird ihnen der/die Geliebte suspekt, wenn er/sie in die Liebe des anderen Geschlechts, in deren Art zu lieben, verfällt.

Das Weib giebt sich weg, der Mann nimmt hinzu – ich denke, über diesen Natur-Gegensatz wird man durch keine socialen Verträge, auch nicht durch den allerbesten Willen zur Gerechtigkeit hinwegkommen: so wünschenswert es sein mag, dass man das Harte, Schreckliche, Räthselhafte, Unmoralische dieses Antagonismus sich nicht beständig vor Augen stellt. Denn die Liebe, ganz, gross, voll gedacht, ist Natur und als Natur in alle Ewigkeit etwas „Unmoralisches".[277]

Wo Mann und Weib um sich wissen, da herrscht beständig dieses Spannungsverhältnis, welches die eine klüger, den anderen stärker macht. Ein jedes Geschlecht hat in diesem Krieg seine eigenen Waffen und beide haben etwas zu verlieren. Der eine seinen Sinn und Lohn, die andere ihr Ziel und Wozu. Mit dem Kind aber gewinnt die Frau ihr eigenes Ziel und wird so vom Mann erlöst.[278] Wenn in diesem Moment „jenes habsüchtige Verlangen zweier Personen nach einander einer neuen Begierde und Habsucht, einem *gemeinsamen* höheren Durste nach einem über ihnen stehenden Ideale"[279] weicht, dann wird eine höhere Art der Liebe erreicht: „Ihr rechter Name ist *Freundschaft*."[280]

So will ich Mann und Weib: kriegstüchtig den Einen, gebärtüchtig das Andere, beide aber tanztüchtig mit Kopf und Beinen.
Und verloren sei uns der Tag, wo nicht Ein Mal getanzt wurde! Und falsch heisse uns jede Wahrheit, bei der es nicht Ein Gelächter gab![281]

ÜBERMENSCH UND TOD UND STERBEN

Wichtig nehmen Alle das Sterben: aber noch ist der Tod kein Fest. Noch erlernten die Menschen nicht, wie man die schönsten Feste weiht.[282]

Jeder Amerikaner kann eine Waffe haben. Zur Selbstverteidigung, sagt man, zuletzt also, um sich selbst gegen einen anderen durchzubringen. Jeder Europäer sollte eine Kapsel Zyankali haben, um zuletzt sich selbst um den Willen der Zukunft, um den Willen seines eigensten Machtwillens opfern zu können. Man kann sich natürlich auch mit einer Feuerwaffe töten oder mit Zyankali morden, aber darum geht es hier nicht. Es geht um die Richtung des Gedankens. Der eine entspringt oder folgt aus der Angst und gibt sich als ihr Heilmittel, der andere aus dem Mut zu sich selbst und der Gewissheit um seine eigenste Richtigkeit. Natürlich! Beide Gedanken gehen auf Extremsituationen, aber auch hier: Der erste Gedanke flieht das Unvermeidliche, der zweite stellt sich ihm.

> Den vollbringenden Tod zeige ich euch, der den Lebenden ein Stachel und ein Gelöbnis wird.
> Seinen Tod stirbt der Vollbringende, siegreich, umringt von Hoffenden und Gelobenden.
> Also sollte man sterben lernen; und es sollte kein Fest geben, wo ein solcher Sterbender nicht der Lebenden Schwüre weihte![283]

ÜBERMENSCH UND LEBEN

> *Redlich* gegen uns und was *sonst* uns Freund ist;
> *tapfer* gegen den Feind;
> *grossmüthig* gegen den Besiegten:
> *höflich* – immer[284]

DIE ERHÖHUNG DES MENSCHEN UND HÖHERE MENSCHEN

Wie hörte doch Nietzsche einst Dionysos zu sich sprechen:

„Unter Umständen liebe ich den Menschen [...] der Mensch ist mir ein angenehmes tapferes erfinderisches Thier, das auf Erden nicht seines Gleichen hat, es findet sich in allen Labyrinthen noch zurecht. Ich bin ihm gut: ich denke oft darüber nach, wie ich ihn noch vorwärts bringe und ihn stärker, böser und tiefer mache, als er ist."
- „Stärker, böser und tiefer?" fragte ich erschreckt. „Ja, sagte er noch Ein Mal, stärker, böser und tiefer; auch schöner"[285]

Man kann sich winden, wie man will, es bleibt wahr: Man wird nicht klüger ohne ernsthafte Probleme und nicht stärker ohne echte Kämpfe. In der Schwäche liegt die größte Gefahr, eben nicht nur für den Schwachen. Ein Rudel Hyänen greift selbst einen Löwen an und bringt ihn zur Strecke. Die Erhöhung des Menschen verlangt beides, klüger und stärker soll der Mensch werden – freier, fähiger, größer, mächtiger. Und insoweit der Übermensch Mensch und Leben ist, kann man nicht wünschen, dass ihm Probleme und Kämpfe erspart bleiben.

Wahrlich, es giebt auch für das Böse noch eine Zukunft! Und der heisseste Süden ist noch nicht entdeckt für den Menschen.
Wie Manches heisst jetzt schon ärgste Bosheit, was doch nur zwölf Schuhe breit und drei Monate lang ist! Einst aber werden grössere Drachen zur Welt kommen.
Denn dass dem Übermenschen sein Drache nicht fehle, der Über-Drache, der seiner würdig ist: dazu muss viel heisse Sonne noch auf feuchten Urwald glühen![286]

Wer den Menschen in die Höhe treiben will, der muss ihn in schwere und gefährliche Situationen treiben. Krieg, Leid, Gefahr und Schmerz sind notwendig zur Erhöhung des Menschen. Und der Übermensch wird sie, im Wissen darum, selbst aufsuchen, verordnen und festhalten.

> Und wahrlich, ihr Guten und Gerechten! An euch ist Viel zum Lachen und zumal eure Furcht vor dem, was bisher „Teufel" hiess!
> So fremd seid ihr dem Grossen mit eurer Seele, dass euch der Übermensch *furchtbar* sein würde in seiner Güte!
> Und ihr Weisen und Wissenden, ihr würdet vor dem Sonnenbrande der Weisheit flüchten, in dem der Übermensch mit Lust seine Nacktheit badet![287]

Was ist die größte Klugheit aller Trainer und Lehrer? Dass sie ihrem Schützling den richtigen Gegner, die richtige Aufgabe anweisen. Am besten, er schrammt jedes Mal um Haaresbreite an der Niederlage vorbei.

Erhöhung, das ist immer das Ergebnis einer Überwindung. Ein höheres Maß an Macht gewonnen zu haben, geht damit einher. Man beherrscht nunmehr mehr, ist wieder einmal Herr geworden, neuer Dinge mächtig. Dies ist der Weg zur Größe und daher notwendig ein Wagnis – ein Tanz auf dem Seil, das Spiel mit dem Feuer. Man muss die Gefahr wollen.

> Der Weg des Kriegers besteht in der unbedingten Bereitschaft zu sterben.[288] (Shinmen Musashi)

Der Weg zur Größe ist gleichzeitig der Weg in die Vereinzelung und Einsamkeit. Man lässt viel unter sich und hinter sich. Aus der Höhe aber wächst eine reinere Güte und Liebe, die richtet sich nicht mehr nach oben und ist also weder Heuchelei noch Habsucht, sondern nach unten. Zarathustra nannte sie „die schenkende Tugend". Sie wächst erst in und aus der Distanz und es ist daher auch – „von unten" gesehen – falsch, die Distanz aufheben zu wollen, die im Kampf um die Größe gewonnen wurde. Die Distanz, das, was trennt, ist vielmehr wo es nur geht festzuhalten und auszubauen. Höher! So will es das Leben und es ist damit keineswegs schlecht.

Ein Schmarotzer ist man, wenn man von den Überwindungen anderer lebt und lebt, um selbst nicht überwinden zu müssen. Ein Feigling und ein kluger Lügner wird der Schmarotzer sein; oder eben, bei seinem schönsten Namen genannt, ein Guter.

Derartige Gedanken sind es, die dahinterstecken, wenn Nietzsche davon redet, „dass dem Menschen sein Bösestes nöthig ist zu seinem Besten"[289]. Das Böse als das Aggressive, Angreifende, Überwinden-Wollende und all das, was herausfordert und zur Überwindung zwingt und den Menschen damit über sich hinaus treibt.

„Der Mensch muss besser und böser werden" – so lehre *ich*. Das Böseste ist nöthig zu des Übermenschen Bestem.[290]

„Was ist Glück? – Das Gefühl davon, dass die Macht *wächst*, dass ein Widerstand überwunden wird."[291]

Unglück ist das Gegenteil davon, dass Gefühl, dass die Macht schwindet oder fehlt, dass kein Widerstand da ist oder dass er nicht überwunden werden kann. *Jede Überwindung ist zuerst und zuletzt eine Selbstüberwindung.*

Das Glück und das Unglück sind zwei Geschwister und Zwillinge, die mit einander gross wachsen oder, wie bei euch [den Behaglichen und Gutmütigen], mit einander – *klein bleiben!*[292]

Hier liegt die Grausamkeit des Lebens und seine frohe Botschaft.

DIE DREI BÖSEN: WOLLUST, HERRSCHSUCHT UND SELBSTSUCHT

Was ist Wollust? Die Brücke, auf welcher das Dereinst zum Jetzt geht. Was ist Herrschsucht? Der Zwang, welcher das Hohe zum Niederen zwingt. Was ist Selbstsucht? Das, was auch das Höchste noch hinaufwachsen heißt.[293]

> Was ist schlecht? - Alles, was aus der Schwäche stammt.[294]

Wollust. – Der größte Wollüstling auf Erden war wohl bisher der asketische Priester. Wie eng die Wollust an die Grausamkeit geknüpft ist, ja, wie beide beinahe ein und dasselbe sind, wird an ihm deutlich. Des Asketen größte Lust will vom Leben weg. Die Grausamkeit gegen das Leben ist seine Wollust.

> Die Leiblichkeit zur Illusion herabsetzen, den Schmerz insgleichen [...] Seinem Ich den Glauben versagen, sich selber seine „Realität" verneinen - welcher Triumph! - schon nicht mehr bloss über die Sinne, über den Augenschein, eine viel höhere Art Triumph, eine Vergewaltigung und Grausamkeit an der Vernunft: als welche Wollust damit auf den Gipfel kommt, dass die asketische Selbstverachtung, Selbstverhöhnung der Vernunft dekretiert: „es *giebt* ein Reich der Wahrheit und des Seins, aber gerade die Vernunft ist davon *ausgeschlossen!*" ...[295]

Der Asket ist im höchsten Grade böse (wollüstig) und im Ergebnis das Beste, was der Menschheit bisher wiederfuhr, denn er züchtete den Geist und lehrte dem Menschen Ehrfurcht vor Begriffen und Ideen. Die Idee des Übermenschen wäre ohne ihn ohne jede Kraft. Nun aber soll der Geist, der sich bisher ins Nichts wendete und an diesem Unterfangen sich die Zähne ausbiss und den Kiefer stärkte, sich dem Leben zuwenden. Die Wollust des Schaffenden wird nun in der Grausamkeit gegen Schwindel und Lüge ihre Befriedigung finden, in der Vernichtung allen Jenseits und aller Begriffsfabelei. Das Leben wurde lange genug damit gemartert.

Zuletzt sei die Wollust, welches Gesicht auch immer sie trägt, „der ehrfürchtig geschonte Wein der Weine"[296], denn:

> *Vergiss nicht, Mensch, den Wollust ausgeloht: du – bist der Stein, die Wüste, bist der Tod...*[297]

Herrschsucht. – Auch die Herrschsucht war wohl bisher im Asketen am stärksten ausgeprägt, wenn wir von den großen Königen, Kaisern und Führern der Völker absehen. Die Kirche der Christen war bisher die herrschsüchtigste Institution der Welt. Die Geistigsten sind immer die Herrschsüchtigsten. So ist auch der Wissenschaft die Herrschsucht nicht fremd. Dass das Fernste zum Nächsten will, gerade das ist Herrschsucht, und so treibt es den „Geist" zur „Welt". Aus der Stärke dieses Triebes kann man bei den Religionen ablesen, wie fern ihr „Geist" der „Welt" ist, und sich daraus ein Urteil über ihren Nutzen für das Leben bilden.

Am anderen Ende des Spektrums „Herrschsucht" findet sich das, was Nietzsche „die schenkende Tugend" nennt. Dazwischen finden sich allerlei „stolze Rösser" und „eitle Völker", jene, welche sich erhaben wähnen und denen sich, in ihrem Wahn, „die boshafte Bremse Herrschsucht" aufsetzt und sie „reitet".[298] Gerade solche Herrschsucht, die noch meint, zwingen zu müssen, und die sich alle Mittel des Zwangs zuerst zur Hand legt, hat während all der Jenseitigkeit den Menschen erhalten, sie forderte immer wieder zum Kampf und züchtete die „große Verachtung", der es zu jeder Überwindung bedarf. Die schenkende Tugend zuletzt, die rechte Herrschsucht, ist Folge eines Überschusses. Hier ist der Wille zu herrschen kein Wollen mehr, sondern eine Notwendigkeit. Das Leid dieser Tugend ist vielleicht zu wissen, dass auch Schenken zudringlich ist. Aber sie kann nicht anders. Hier quillt einfach beständig ein Zuviel über, von dem nehmen kann und nimmt, wer will, Schweine und zarte Schmetterlinge. Das Leben selbst ist von dieser Art, ein beständig wachsender Überschuss.

Selbstsucht. – Der Schmarotzer ist beinahe selbstlos. Der Wille zur Selbsterhaltung ist das Letzte, was von seinem Willen zur Macht übrig bleibt. Die niederste Ausprägung des Willens zur Macht ist alles, was er noch hat und was er also am besten pflegt. Dieses, sein Letztes, das, was er ist, wird der Schmarotzer putzen und aufblasen und dabei jeden kleinsten Vorteil auflesen. Kein Wunder, dass er es dazu nötig hat, das Selbst, sein Selbst, immer wieder zu verleugnen. Wenn er Selbstlosigkeit predigt, spricht er sein Innerstes aus und sagt eigentlich: „Gebt mir!" Die Vorsicht ist seine beste Tugend.

Die große Selbstsucht aber, das ist die goldene Idee eines Daseins, die man tief am Grunde seiner eigenen Seele gefunden hat, vielleicht dunkel, aber Gold glänzt matt. Diese Idee nach außen stülpen und ihr „dein Fleisch und deine Knochen"[299] geben, seinem „Gespenst" sein Leben schenken, das heißt große Selbstsucht. Wie weit ist die entfernt von den kleinen, kurzen Egoismen. *Der Wille derer, die sich selbst wählen, ist lang und oft werden sie scheitern. Aller Egoismus ist kurz.*

DIE HÖHEREN MENSCHEN

```
        Ihr höheren Menschen, meint ihr, ich sei
da, gut zu machen, was ihr schlecht machtet?
     Oder ich wollte fürderhin euch Leidende be-
quemer betten? Oder euch Unstäten, Verirrten,
Verkletterten neue leichtere Fusssteige zeigen?
        Nein! Nein! Drei Mal Nein! Immer Mehr, im-
mer Bessere eurer Art sollen zu Grunde gehen, -
denn ihr sollt es immer schlimmer und härter ha-
ben. So allein -
```

– so allein wächst der Mensch in *die* Höhe, wo der Blitz ihn trifft und zerbricht: hoch genug für den Blitz!³⁰⁰

Das Lachen ist die höflichste Art der Verachtung, über sich selbst zu lachen, die höflichste Art der Selbstverachtung. Das Lachen hilft auch über den Schmerz.

Das Lachen sprach ich heilig; ihr höheren Menschen, *lernt* mir – lachen!³⁰¹

Der Übermensch ist auch ein Köder, einer der Köder, die Zarathustra ausgeworfen hat, um die höheren Menschen von heute zu fangen. Sie zuerst will er zur Überwindung treiben, höher, über sich hinaus, in ihren Untergang. Was an diesem Köder anbiss und sich zuletzt in Zarathustras Höhle wiederfand, kann als Sinnbild der Moderne verstanden werden, als Sinnbild dessen, was in der Moderne das Höchste ist.

So fängt Zarathustra erstens *zwei Könige*, die zum einen daran leiden, dass sie nicht mehr die Ersten sind, eben keine Könige, und zum anderen daran, dass sie es dennoch bedeuten müssen. Mit ihnen fängt er einen *Esel*, der zu allem Ja und Amen sagt.

Zweitens findet sich ein hoffnungslos spezialisierter Wissenschaftler, der nach der Wahrheit sucht. Er wäre mit der kleinsten schon zufrieden und martert sich selbst dafür – eng und streng ist der *Gewissenhafte des Geistes*.

Der Dritte büßt bitter seinen Geist. Es ist ein Hochmütiger, der zwar den Mut der Höhe an den Tag legt, aber die Kraft zu ihr lange nicht hat und eben daran leidet. Er bleibt ein *Zauberer*, Bezauberer und Verzauberer.

Zarathustra fängt viertens den letzten Papst, die Milde, Treue und Zärtlichkeit in Person, einen treuen *Diener, dem sein Herr starb* und dem nun, da sein Herr tot ist, all dessen bisher niedergehaltene Zweifelhaftigkeiten die Seele schwer machen.

Ebenso geht ihm fünftens der *Mörder Gottes* ins Netz, der hässlichste Mensch, die Summe alles Hässlichen und Verkommenen am Menschen, die große Verachtung, der große Ekel, der Rache am Zeugen nahm und also Gott tötete. Das Mitleiden und aller Mitleidigen Zudringlichkeit trieben ihn dazu, diesen neugierigsten, über-zudringlichen und übermitleidigen Gott[302] zu töten.

„Ist es wahr, dass der Liebe Gott überall zugegen ist?" fragte ein kleines Mädchen seine Mutter: „aber ich finde das unanständig"[303]

Sechstens beißt auf den Köder der *Freiwillige Bettler*, der seinen Reichtum auf der Suche nach dem Glück fahren ließ. „Lüsterne Gier, gallichter Neid, vergrämte Rachsucht, Pöbel-Stolz"[304], das findet er daraufhin bei den Armen, zu denen er floh. Aber genau das war es, dem er aus der Welt des Reichtums zu entfliehen hoffte, all dem kleinen gelben Egoismus. Er wendet sich zuletzt den Tieren zu.

Die Köder hatte Zarathustra ausgelegt in der Hoffnung auf den höheren Menschen. Und gefangen hat er sie, die höheren Menschen, aber seine höchste Hoffnung ging ihm nicht ins Netz und so konnte er zuletzt und siebentens seinem Schatten nicht entlaufen, dem *Geist der Schwere*, dem freien, ungehalten Geist, dem ewigen Sucher und Versucher mit der Losung: „Nichts ist wahr, Alles ist erlaubt"[305]. Beinahe notwendig ist er oft ohne Ziel und damit auch ohne Weg. Das ewige Suchen wird zur „Heimsuchung" und zum Quell aller Schwermut:

„Wo ist - mein Heim?" Darnach frage und suche und suchte ich, das fand ich nicht. Oh ewiges Überall, oh ewiges Nirgendwo, oh ewiges - Umsonst!"[306]

Herrscher, die nicht herrschen können und doch so tun müssen, als könnten und würden sie; enge, strenge Geister auf der Suche nach Sandkornwahrheiten; übermütige Zauberer,

Der Übermensch

Verzauberer und Schwätzer – Schauspieler; Diener ohne Herren; Missratene und Verunglückte voller Rachsucht; entsagende Zärtlinge; ziellos Umherirrende, von der Schwermut verfolgt.

Das ist das Höchste der Moderne, das ist die Moderne, die Erde, aus der das Morgen wächst und deren Untergang den Boden für das Übermorgen abgeben wird: der Wille zur Herrschaft; das kalte Auge für die Wahrheit; Schauspiele und Schauspieler der Größe; Tausende freie, willige Hände und Herzen für ein Ziel; die große Verachtung und der große Ekel; entsagende Liebhaber von Tier und Pflanze; die große Sehnsucht –

Ich liebe Den, welcher goldne Worte seinen Thaten voraus wirft und immer noch mehr hält, als er verspricht: denn er will seinen Untergang.

Ich liebe Den, welcher lebt, damit er erkenne, und welcher erkennen will, damit einst der Übermensch lebe. Und so will er seinen Untergang.

Ich liebe Die, welche nicht zu leben wissen, es sei denn als Untergehende, denn es sind die Hinübergehenden.

Ich liebe Den, welcher seinen Gott züchtigt, weil er seinen Gott liebt: denn er muss am Zorne seines Gottes zu Grunde gehen.

Ich liebe die grossen Verachtenden, weil sie die grossen Verehrenden sind und Pfeile der Sehnsucht nach dem andern Ufer.

Ich liebe Die, welche nicht erst hinter den Sternen einen Grund suchen, unterzugehen und Opfer zu sein: sondern die sich der Erde opfern, dass die Erde einst des Übermenschen werde.

Ich liebe Den, der freien Geistes und freien Herzens ist: so ist sein Kopf nur das Ein-

geweide seines Herzens, sein Herz aber treibt ihn
zum Untergang.³⁰⁷

DER HAMMER UND DER GROSSE MITTAG

Neben dem bösen Gewissen wuchs bisher alles
Wissen! Zerbrecht, zerbrecht mir, ihr Erkennen-
den, die alten Tafeln!³⁰⁸

Das Bessere soll herrschen, sagt die Ethik; das Beste herrscht, sagt die Wahrheit. Lassen wir die Verschiedenheit von Sein und Sollen beiseite. Was ist heute das Beste, was herrscht und will herrschen? Die größte Macht heißt heute Klugheit, sie klebt immer noch an ihrer Herkunft und ist also aufs Engste verschwistert mit der Schwäche, sie ist ein Erbe der christlichen Religion. Die Schwäche aber ist so breit, dass die Klugheit heute noch über jede Stärke Herr wird. Diese Klugheit der Schwäche ist heute das Beste, die Macht, die Herrscherin. Dass diese Klugheit nun ihre Herkunft und so sich selbst überwinde, das ist das Schauspiel am großen Mittag, das Schauspiel, zu dem Nietzsche alles bereit sieht und sich selbst als dessen Verkünder. Die Werte der Schwäche sind es, worauf die Klugheit immer noch ins Absurde baut. Aber egal, ob sie will oder nicht, diese Werte brechen Stück für Stück weg. Die Priester haben ihrem Gott mit dem ewigen Gerede von der Wahrheit selbst das Grab geschaufelt.³⁰⁹ Man nimmt die Wahrheit heute ernster als Gott.

Und kaum ein größerer Wissenschaftler glaubt heute noch an eine ewige Wahrheit. Es ist beinahe schon erheiternd, wenn man einen Historiker freimütig darüber reden hört, dass jede und so auch seine „Geschichte" ein „Konstrukt" ist. Ich stelle mir vor, wie froh er im Nachhinein war, dass ihm im Anschluss an dieses Bekenntnis nicht die Frage gestellt wurde, mit welchem Recht er trotzdem Geschichte „mache"? Noch ein paar Jahrzehnte vielleicht und man erkennt, dass die Physik und die Mathematik sich in der gleichen Verlegenheit befinden, dass sie noch mehr als dass sie Beschreibungen der Wirklichkeit konstruieren Wirklichkeit selbst konstruieren und damit sozusagen „*ganze Schöpfer*" sind. Höchstens auf ein Ziel hin können sie sich dann noch rechtfertigen und wenn hierfür die Wahrheit ausgerufen wird, so ist das ein Rückfall. „Was wollt ihr?" Nichts als die Antwort auf diese Frage *richtet* die Wissenschaft und mit nichts anderem *richtet* die Wissenschaft das Dasein – als Schöpfer von Wirklichkeit gibt sie dem Dasein Richtung. Wie gesagt, ich bin überzeugt, die Großen wissen es bereits.

Wo man hinsieht, der große Mangel der Moderne liegt im falschen oder fehlenden „Wozu?". Die alten Werte, die alten Ziele, sie haben sich selbst ad absurdum geführt oder befinden sich in der Selbstaufhebung. Unsere Bundeskanzlerin zum Beispiel sprach auf ihrem Weg zur Kanzlerschaft davon, dass die Gentechnik im Agrarbereich dabei helfen könne, den Hunger in der Welt zu lindern. Na sicher! Und wie erst, wenn wir gelernt haben, aus Steinen unsere gesamte Nahrung zu gewinnen. Wir könnten dann all die Armen füttern. Unsere Lumpen haben wir ohnehin schon zu ihren Kleidern gemacht und „umfassend medizinisch versorgen" werden wir sie aus reiner Nächstenliebe auch noch – wie menschlich! Wird man wirklich Milliarden an den Tropf hängen und sich über diese schöne neue Welt und seine eigene Mitmenschlichkeit freuen? Oder die französischen „Studenten" im März dieses Jahres 2006, wofür stritten sie? Für die Zementierung von Abhängigkeiten, brave Herdentiere sind das! Zuletzt verbreiten wir mit der Demokratie den Glauben, dass alle irgendwie gleich sind, und sorgen so dafür, dass sich – eingerechnet die ewige Tatsächlichkeit der Ungleichheit und den Willen zur Macht – jeder irgendwann für einen Gott hält und meint, er wäre zur Herrschaft berechtigt und fähig. Das werden die finstersten Zeiten sein, wenn sich die Demokratie auf dem Gipfel ihrer Welt-Herrschaft selbst ad absurdum führt, wenn sie vor der Konsequenz ihrer eigenen hohlen Idee steht, der *geglaubten* politischen Gleichheit aller, der *geglaubten* Herrschaftsfreiheit – ob nun im „Diskurs" oder sonst wo. Grausame Bürgerkriege sind untertriebene Vorstellungen der Folgen dieses Wahns, es wird ein *furcht*bar abscheuliches Chaos von maßlos sich selbst überschätzenden Egoismen. Ein *frucht*barer Boden für übermorgen, aber wehe denen, die ihn abgeben werden. Man sieht es im Kleinen heute schon hier und da und man wird es in Zukunft immer deutlicher sehen.

Nichts ist vielleicht heute nötiger und dringender begehrt als ein neues Verständnis von und für Herrschaft jenseits der Demokratie-Idiotie von gleichen Rechten für alle in allem. Das will ohnehin niemand und der Schrei danach ist immer nur ein Mittel zur Macht in der Hand der einen, um über die anderen Herr zu werden. Ein schlechtes Mittel, denn es verwirrt die Dinge bis ins Nichts. Die „Gleichheit" selbst ist ja ein „Nichts", nämlich nicht. Durch die Idee der Gleichheit wird der Blick auf die eigentliche Problematik verstellt und damit wird der *gute Krieg* erschwert.

> Nicht die *Dinge*, sondern die Meinungen *über Dinge, die es gar nicht giebt*, haben die Menschen so verstört![310]

Wahrheit wird nicht gefunden, sondern erfunden – und gemacht. Man erfand zum Beispiel die Lehre von der Gleichheit der Seelen (zuerst vor Gott, später vorm Staat – die Seelen hießen nun Rechtssubjekte) und machte sich im freudigen Glauben an die „gefundene" Wahrheit ans Werk. Zufällig! Denn man hielt die (Seelen-)Gleichheit eher für einen Fakt als für ein Ziel. Jeder, der anders fühlte, musste irren. Man war sich keineswegs im Klaren darüber, dass hier ein Wille zu seiner Wirklichkeit drängte. (Wessen Wille das war und welcher Wille, das ist ausführlich gesagt.)

Welche Art Zucht und Züchtigung aus solch verkehrtem Blick folgte? Brennen, schneiden, martern, den irrenden

Verstand reinigen, müde, gütige Blicke. Die Grausamkeit ist eine Folge der Anmaßung. Das Gefängnis betreibt noch heute die Abstumpfung des Menschen – durch Routine. Man wird gleichgemacht.

Der Blick geht beinahe grundsätzlich zuerst nach hinten, zurück. Irgendwo muss der Irrtum seinen Ursprung haben, irgendwo wurde falsch gehandelt, falsch gedacht, eine Sünde, eine strafwürdige Tat begangen – und zwar nicht gegen einen Menschen (das kann aus diesem Blickwinkel höchstens als Folge begriffen werden), sondern gegen das Gesetz, die gefundene Wahrheit, das Richtige. Versteht man Gerechtigkeit so, so vergibt man sich die Möglichkeit, „Willen zur Macht" an „Willen zur Macht", Leben an Leben zu messen und beide vielleicht an ihren Zielen und Mitteln.

Man hat den Blick erst umzukehren, um ihn für diese letztere Perspektive zu öffnen. Man hat den Glauben an die Wahrheit, an irgendeinen ewigen Sinn, in dem sich die Verständlichkeit eines jeden Daseins halten könnte, aufzugeben.

> Wir wollen nicht mehr die Ursachen zu Sündern und die Folgen zu Henkern machen.[311]

Nicht Erfüllung, sondern Schöpfung heißt nunmehr jedes Ereignis.

Man stelle sich eine Gerichtsbarkeit vor, die diesen Blick pflegt, die die Tat „nach vorne" abzuwägen sucht, der überhaupt keine „Gesetze" zur Hand, sondern höchstens Ziele und Mittel bekannt sind. Wer wäre fähig, sich ins Dasein zu stellen und nun zu richten, das heißt, die Ziele, Mittel und Effekte am eigenen Ziel und Willen zu messen? Nichts anderes passiert alltäglich, aber man will es zu selten noch wahrhaben.

Bist du ein Mensch, der auch nur einem anderen Menschen ein Gesetz geben kann? Willst du, dass man deinem Willen diene? Und welchen Willen glaubst du über die anderen stellen zu können? Weißt du, was du willst, und weißt du, dass du das willst? Oder bist du nur ein Affe fremder Ideale? Weißt du auch, dass „richtig" und „falsch" und „gut" und „schlecht" und „gut" und „böse" nur Schleier sind, die du um deinen Willen legst? Bist du ein Richter des Daseins, jemand, der es wagt, ihm eine Richtung zu geben? „Verantwortung vor", das ist ein weiches Bett, denn man hat nur zu erfüllen, man ist Diener. Aber man sollte das wissen und muss sich darum nicht schämen. Nichts wird groß, dem niemand dient. „Verantwortung für" aber, das ist das härteste Lager, auf dem nur Diamanten ruhig schlafen. Bist du ein Diamant? Bist du hart genug,

> *auf dem Willen von Jahrtausenden zu schreiben wie auf Erz, – härter als Erz, edler als Erz.*[312]

Oder geht es dir eher wie dem rechten Schüler Heraklits, der im Angesicht des ewigen Werdens alles in bewegte Punkte auseinanderfließen sieht und in diesem Strom des Werdens kaum mehr wagt, einen Finger zu rühren?[313] Und zuletzt! Bist du edel genug, um dem Leben gemäß immer mehr zu schaffen, als du als Schaffender vernichten musst? Bist du die Quelle des Überflusses oder lechzt du ihm lüstern nach?

Wie auch immer und ob du willst oder nicht, du bist ein Richter des Daseins – du gibst ihm Richtung.

DIE FROHE BOTSCHAFT

> *Werfen wir einen Blick ein Jahrhundert voraus, setzen wir den Fall, dass mein Attentat auf zwei Jahrtausende Widernatur und Menschenschändung gelingt. Jene neue Partei des Lebens, welche die grösste aller Aufgaben, die Höherzüchtung der Menschheit in die Hände nimmt, eingerechnet die schonungslose Vernichtung alles Entartenden und Parasitischen, wird jenes Zuviel von Leben auf*

Erden wieder möglich machen, aus dem auch der dionysische Zustand wieder erwachsen muss. Ich verspreche ein *tragisches* Zeitalter: die höchste Kunst im Jasagen zum Leben, die Tragödie, wird wiedergeboren werden, wenn die Menschheit das Bewusstsein der härtesten, aber nothwendigsten Kriege hinter sich hat, *ohne daran zu leiden*...[314]

Das Leben ist keine Nullsumme. In jedem Moment, in dem man sie zieht, wird sie größer, wird das Leben größer, umfänglicher, mächtiger. Das Leben ist das ewige „Mehr". Die Erde war einst ein toter Planet. Dass man aber als „Rasse" selbst die Nullsumme verfehlen kann, ist offensichtlich. Dennoch: Das Leben zeugt ständig über sich selbst hinaus. Leben zeugt mehr Leben und lässt Leben ständig hinter sich zurück. Dass es sich nährt und umschafft, geht mit seinem Wachstum einher. Es gibt eine recht sprungfreie Nahrungshierarchie und eine etwas enger gebundene Nutzungshierarchie. – Vieles hat miteinander nichts zu tun.

Kenne dich selbst!
Immer über dich hinaus!
Kein Tod zu viel!

Götter sind spottlustig: es scheint, sie
können selbst bei heiligen Handlungen das Lachen
nicht lassen.[315]

Götter! Ich bin einer von Euch; und ich werde unter Euch sein, so lange Ihr Götter seid.
Mein Name ist Ja! und mein Volk sei ein Volk von Göttern.
Euch will ich vorangehen und Ihr sollt Euch ehren mit meinem Namen.
Es gab einst Götter, die wollten Euch glauben machen, sie wären in Euch. Ich aber sage Euch, es waren kränkliche Lügner. Die wollten von Euch stehlen, was sie längst verloren hatten – das Leben. So lebten sie auf Eure Kosten. Kluge Schmarotzer waren es; und Ihr verlerntet über ihr Tun – Euch selbst – Götter!
Ein tapferer Krieger aus alten Zeiten – ein Perser zuletzt – vergesst das nicht – machte sich selbst gut, indem er mit sich brach. Und als er sich zerbrach, da zerbrach er all die Schmarotzer-Götter, die Toten. So war es einem aus alten Zeiten würdig: sich selbst mit der Aufhebung seines Fehlers aufzuheben.
Über mehr als 111 Generationen fand er nicht den Mut dazu und über mehr als 111 Generationen wurde auf Euch hin also – gelitten. Wie viel Glut kann aus solchen Martern wachsen! Wie fest wird das Feuer nun brennen!
Hebt Ihr Euch nun mit Euren Siegen auf und hebt die Dinge in Siegen auf.
Götter! Ich bin einer von Euch; und ich werde unter Euch sein, so lange Ihr Götter seid.
Mein Name ist Ja! und mein Volk sei ein Volk von Göttern.
Euch will ich vorangehen und Ihr sollt Euch ehren – mit meinem Namen.

Der Übermensch

Ich liebe Den, welcher die Zukünftigen rechtfertigt und die Vergangenen erlöst: denn er will an den Gegenwärtigen zu Grunde gehen.[316]

Kapitel 5
Verteidigung

Nietzsche fiel mir, nicht ohne Not, zuerst vor gut zehn Jahren in die Hände. Mit einem Mal war ich zu Hause und nicht mehr allein. Was mir nichts sagte, überlas ich geflissentlich. Es waren daraufhin wohl mein eigenes Drama und die tragischen Schicksale, die mich wieder zur Flucht trieben – Sokrates, Jesus, Nietzsche, Morrison, alle groß, aber tot und „schrecklich" gestorben. Ich kam von Nietzsche zu Platon und blieb wohl drei, vier Jahre dort, bevor ich mich an Kant wagte. Als ich damit „fertig" war, nahm ich mir noch mal Nietzsche vor. Ich wollte, wie ich es mir zu Beginn des Studiums im Winter 1999/2000 vorgenommen hatte, mit dem abschließen, womit es begonnen hatte. Nach diesem „zweiten Durchgang" entsprang mir zu Nietzsche das Wort, dass wohl alles, was von ihm bleiben wird, *Die Geburt der Tragödie* wäre. Der Rest schien mir nun weithin ein einziges Gegeifer zu sein.

Mehr aus Verlegenheit, einer guten Portion Glück und Zuspruch im rechten Moment fiel die Wahl für das Thema meiner Magisterarbeit (welche dem vorliegenden Buch zugrunde liegt) dann trotzdem auf Nietzsche und so ziemlich das erste, was mir aufging, war, dass es die eigenen Ressentiments sind, die Nietzsche als Eiferer erscheinen lassen. Im Übrigen las ich jetzt wirklich, was da stand. *Der Antichrist* wurde mir danach recht schnell zu einer ruhigen, sehr besonnen und klaren, wenn auch nicht leichten Schrift. Wer in diesem Zusammenhang noch von „progressiver Paralyse" bei Nietzsche redet, entlarvt sich damit nur als ein Vertreter einer dieser ewig alten Philosophien, die man mit Hilfe der Frage, welche Rolle in ihnen der Schmerz spielt, leicht enttarnt. Keine, lautet die Antwort – und was bedeutet das?

Zu meinem Umgang mit der Philosophie und also auch mit Nietzsche habe ich die besten Worte vor Kurzem bei Shinmen Musashi gefunden. Was dieser japanische Krieger auf die geschriebene Lehre seiner Kampfkunst bezogen sagt, sei hier auf die Philosophie, Nietzsches Übermenschen oder worauf auch immer man sich einlässt gemünzt. Es sei nicht zuletzt zur Verteidigung der vorliegenden Arbeit gesagt:

> Es genügt nicht, dies zu lesen, man muss vielmehr so hart üben, als würde man diese Lehre selbst entwickeln wollen und nicht einfach nur übertragen bekommen. Man übe so beharrlich, als sei man selbst verantwortlich für die Entdeckung des wahren Weges. Man vermeide bloßes Nachahmen und mittelmäßiges Üben.[317]
>
> Man muss fest daran glauben, der Einzige auf der ganzen Welt zu sein, der die höchste Stufe [...] verwirklichen kann. Man stelle sich vor, dass niemand das schafft, wenn man es nicht selbst tut.[318]

Dies ist, in fremden Zungen und vielleicht etwas hochgestochen gesprochen, der dionysische Wahnsinn, von dem ich mich treiben ließ, und seine apollinische Verklärung.

Aber wie auch immer – ich habe gewonnen.

Pierre Kynast
Merseburg an der Saale
April 2006

ANHANG

A. TECHNISCHE BEMERKUNGEN

Fußnoten (i, ii, iii ...) werden ausschließlich für Anmerkungen, Ergänzungen zum Text und weiterführende Gedanken verwendet.

Endnoten (1, 2, 3 ...) werden ausschließlich für Stellennachweise verwendet. Die Stellennachweise für sämtliche im Text zitierten oder paraphrasierten Stellen finden sich entsprechend im *Anhang D. Endnoten*. Aus technischen Gründen befindet sich die Stellenangabe zu *Zitaten in Fußnoten* am Ort des Zitats in [ ].

Zitate. Auslassungen und Zusätze innerhalb von Zitaten erfolgen in [...]. Soweit im unmittelbaren Umfeld eines Zitats nicht ein anderer Urheber genannt ist, entstammt das Zitat einer der im Anhang B. I. genannten Schriften Friedrich Nietzsches.

Technische Hilfsmittel. Außerordentlich hilfreich war die digitale Ausgabe der Werke Nietzsches von Karl Schlechta aus dem Hanser Verlag. (Digitale Bibliothek. Band 31. Directmedia Publishing GmbH. Berlin. 2000) Erst damit ergab sich die Möglichkeit, unkompliziert, zeitsparend und prompt einen Überblick über die Kontexte und Bedeutungsfelder einzelner Begriffe und Sinnzusammenhänge zu gewinnen.

B. Literatur

I. Schriften von Friedrich Nietzsche

Nietzsche, Friedrich. Kritische Studienausgabe (KSA). Band 1 bis 6 sowie Band 14 und 15. Herausgegeben von Giorgio Colli und Mazzino Montinari. dtv, de Gruyter. München. 1999.

Textgrundlage der vorliegenden Arbeit bilden ausschließlich die von Nietzsche selbst bis zum 02.01.1889 zur Veröffentlichung bestimmten Schriften. Diese sind:

Titel	Abkürzung	KSA Band
Die Geburt der Tragödie	GT	1
Unzeitgemässe Betrachtungen	UB	1
Menschliches, Allzumenschliches	MA	2
Morgenröthe	M	3
Idyllen aus Messina	IM	3
Die fröhliche Wissenschaft	FW	3
Also sprach Zarathustra	Z	4
Jenseits von Gut und Böse	JGB	5
Zur Genealogie der Moral	GM	5
Der Fall Wagner	W	6
Götzen-Dämmerung	GD	6
Der Antichrist	A	6
Ecce homo	EH	6
Dionysos-Dithyramben	DD	6

II. Sekundärliteratur

An Sekundärliteratur zu Nietzsche habe ich bisher lediglich aufgeschlagen: erstens den Lehrbrief der Fernuniversität

„Nietzsches Philosophie der Macht" von Volker Gerhardt[i]; zweitens die „Untersuchungen zum Problem der Zeit bei Nietzsche" von Joan Stambaugh; und drittens Peter Sloterdijk[ii], „Der Denker auf der Bühne. Nietzsches Materialismus". In die vorliegende Bearbeitung des Themas sind sie, soweit man das sagen kann, wohl eher nicht eingeflossen. Sie wurden im Laufe der Bearbeitung jedenfalls nicht herangezogen.

Zur geplanten Bearbeitung der vorhandenen Sekundärliteratur zu „Nietzsches Übermensch" bin ich (im zeitlichen Rahmen der Magisterarbeit) nicht gekommen. Ich habe keines dieser Bücher bisher auch nur in die Hand genommen. Die Auseinandersetzung mit ihnen war zu Beginn der Arbeit für das abschließende Kapitel „Verteidigung" vorgesehen. Mit dieser Absicht habe ich mich nicht wenig übernommen. Zu einer ernsthaften Auseinandersetzung mit einer Auswahl der zum Thema vorliegenden Arbeiten und deren angemessener Diskussion vor dem Hintergrund meiner eigenen Überlegungen wären wohl weitere vier, fünf Monate nötig gewesen. Ich bleibe diese daher hier ebenso schuldig wie eine „kritische Diskussion" Nietzsches, was nicht bedeutet, es hätte keine kritische Auseinandersetzung mit ihm stattgefunden.

III. WEITERHIN HERANGEZOGENE SCHRIFTEN

Alfred North Whitehead. Abenteuer der Ideen. Suhrkamp. Frankfurt am Main. 2000. *Sowie:* Prozeß und Realität. Suhrkamp. Frankfurt am Main. 1979.

Die Bibel. Deutsche Bibelgesellschaft. Stuttgart. 1991.

Die Vorsokratiker. 2 Bände. Reclam. Stuttgart. 2003.

---

[i] der zuerst das Entfernteste, namentlich Nietzsche als Menschen, und daraus das Nächste, namentlich Nietzsches Werk, zu begreifen versucht – was offensichtlich methodisch bedenklich ist

[ii] der aus allen Tiefen und Untiefen sprudelnde Phrasenbrunnen

Diogenes Laertios. Leben und Lehre der Philosophen. Reclam. Stuttgart. 1998.

Grundgesetz für die Bundesrepublik Deutschland. Bundeszentrale für politische Bildung. Bonn. 1998.

Herodot. Die Bücher der Geschichte. 3 Bände. Reclam. Stuttgart. 1957 und 58.

Immanuel Kant. Werksausgabe. 12 Bände. Suhrkamp. Frankfurt am Main. 1968.

Karl Marx. Das Kapital. (in Auswahl hrsg. von Benedikt Kautsky). Kröner. Stuttgart. 1957.

Martin Heidegger. Sein und Zeit. Max Niemeyer. Tübingen. 1993. *Sowie:* Was ist Metaphysik. Vittorio Klostermann. Frankfurt am Main. 1998. *Sowie:* Einführung in die Metaphysik. Max Niemeyer. Tübingen. 1987.

Parmenides. Über das Sein. Reclam. Stuttgart. 1995.

Platon. Sämtliche Werke. 4 Bände. Rowohlt. Reinbeck bei Hamburg. 1994.

Shinmen Musashi. Das Buch der fünf Ringe. Piper. München. 2005.

Sun Tsu. Die Kunst des Krieges.

IV. Lexika und Nachschlagewerke

Metzler Philosophie Lexikon. Hrsg. Prechtl, Peter und Burkhard, Franz-Peter. 2. Auflage. Metzler. Stuttgart, Weimar. 1999.

Duden. 21. Auflage. Dudenverlag. Mannheim, Leipzig, Wien, Zürich. 1996.

Schulwörterbuch Latein. 5. Auflage. Langenscheidt. Berlin, München. 2001.

C. VERZEICHNIS SÄMTLICHER STELLEN ZU ...[i]

I. ÜBERMENSCH, ÜBERMENSCHLICH

KSA Bd., S.	Schrift. Stelle.
1, 26	GT. 1.
1, 286	UB. II. 6.
1, 399	UB. III. 6.
1, 506	UB. IV. 11.
2, 113	MA. I. 111.
2, 139	MA. I. 143.
2, 154	MA. I. 164.
2, 288	MA. I. 441.
2, 298	MA. I. 461.
2, 585	MA. II. Der Wanderer und sein Schatten. 73.
2, 638	MA. II. Der Wanderer und sein Schatten. 190.
3, 37	M. 27.
3, 38	ebd.
3, 61	M. 60.
3, 104	M. 113.
3, 318	M. 548.
3, 490	FW. 143.
3, 604	FW. 358.
3, 637	FW. 382.
4, 14	Z. I. Vorrede. 3.
4, 15	ebd.
4, 16	ebd.
ebd.	Z. I. Vorrede. 4.

---

[i] Die Aufzählung der Stellen ist vollständig für die im Anhang B.I. näher bezeichneten Schriften Nietzsches.

4, 17	ebd.
4, 18	ebd.
4, 20	Z. I. Vorrede. 5.
4, 23	Z. I. Vorrede. 7.
4, 26	Z. I. Vorrede. 9.
4, 41	Z. I. Von den Verächtern des Leibes.
4, 45	Z. I. Vom bleichen Verbrecher.
4, 64	Z. I. Vom neuen Götzen.
4, 72	Z. I. Vom Freunde.
4, 78	Z. I. Von der Nächstenliebe.
4, 85	Z. I. Von alten und jungen Weiblein.
4, 92	Z. I. Von Kind und Ehe.
4, 101	Z. I. Von der schenkenden Tugend. 2.
4, 102	Z. I. Von der schenkenden Tugend. 3.
4, 109	Z. II. Auf den glückseligen Inseln.
4, 112	ebd.
4, 119	Z. II. Von den Priestern.
4, 130	Z. II. Von den Taranteln.
4, 164	Z. II. Von den Dichtern.
4, 183	Z. II. Von der Menschen-Klugheit.
4, 185	ebd.
4, 186	ebd.
4, 248	Z. III. Von alten und neuen Tafeln. 3.
4, 264	Z. III. Von alten und neuen Tafeln. 24.
4, 276	Z. III. Der Genesende. 2.
4, 357	Z. IV. Vom höheren Menschen. 2.
ebd.	Z. IV. Vom höheren Menschen. 3.
4, 358	ebd.
4, 359	Z. IV. Vom höheren Menschen. 5.
5, 236	JGB. 294.
5, 288	GM. I. 16.
6, 136	GD. Streifzüge eines Unzeitgemässen. 37.
6, 171	A. 4.
6, 300	EH. Warum ich so gute Bücher schreibe. 1.
6, 305	EH. Warum ich so gute Bücher schreibe. 4.
6, 338	EH. Also sprach Zarathustra. 2.

6, 344	EH. Also sprach Zarathustra. 6.
6, 349	EH. Also sprach Zarathustra. 8.
6, 370	EH. Warum ich ein Schicksal bin. 5.

II. EWIGE WIEDERKUNFT

KSA Bd., S.	Schrift. Stelle.
3, 528	FW. 285.
3, 570	FW. 341.
4, 200	Z. III. Vom Gesicht und Räthsel. 2.
4, 274	Z. III. Der Genesende. 2.
4, 402	Z. IV. Das Nachtwandler-Lied. 9.
4, 275	ebd.
4, 276	ebd.
6, 159	GD. Was ich den Alten verdanke. 4.
6, 160	GD. Was ich den Alten verdanke. 5.
6, 313	EH. Die Geburt der Tragödie. 3.
6, 335	EH. Also sprach Zarathustra. 1.
6, 345	EH. Also sprach Zarathustra. 6.

III. WILLE ZUR MACHT

KSA Bd., S.	Schrift. Stelle.
3, 586	FW. 349.
4, 74	Z. I. Von tausend und Einem Ziele.
4, 146	Z. II. Von der Selbstüberwindung.
4, 147	ebd.
4, 148	ebd.
4, 149	ebd.
4, 181	Z. II. Von der Erlösung.
5, 22	JGB. 9.

5, 27	JGB. 13.
5, 37	JGB. 22.
5, 38	JGB. 23.
5, 55	JGB. 36.
5, 61	JGB. 44.
5, 71	JGB. 51.
5, 107	JGB. 186.
5, 118	JGB. 198.
5, 145	JGB. 211.
5, 162f	JGB. 227.
5, 206	JGB. 257.
5, 208	JGB. 259.
5, 314	GM. II. 12
5, 315	ebd.
5, 316	ebd.
5, 326	GM. II. 18.
5, 361	GM. III. 11.
5, 363	ebd.
5, 370	GM. III. 14.
5, 372	GM. III. 15.
5, 383	GM. III. 18.
5, 384	ebd.
5, 409	GM. III. 27.
6, 51	W. Epilog
6, 118	GD. Streifzüge eines Unzeitgemässen. 11.
6, 124	GD. Streifzüge eines Unzeitgemässen. 20.
6, 139	GD. Streifzüge eines Unzeitgemässen. 38.
6, 157	GD. Was ich den Alten verdanke. 3.
6, 170	A. 2.
6, 172	A. 6.
6, 183	A. 16.
ebd.	A. 17.
6, 259	EH. Vorwort. 4.
6, 314	EH. Die Geburt der Tragödie. 4.
6, 358	EH. Der Fall Wagner. 1.
6, 368	EH. Warum ich ein Schicksal bin. 4.

IV. DIONYSOS, DIONYSISCH

KSA Bd., S.   Schrift. Stelle.
1, 11-156   GT. (Im Fall dieser Schrift ist die Angabe einzelner Stellen unangebracht, da der Begriff auf nahezu jeder Seite auftaucht.)
2, 116   MA. I. 112.
3, 410   FW. 43.
3, 620   FW. 370.
3, 621   ebd.
3, 622   ebd.
5, 21   JGB. 7.
5, 239   JGB. 295.
5, 255   GM. Vorrede. 7.
6, 79   GD. Die „Vernunft" in der Philosophie. 6.
6, 117   GD. Streifzüge eines Unzeitgemässen. 10.
6, 118   ebd.
ebd.   GD. Streifzüge eines Unzeitgemässen. 11.
6, 123   GD. Streifzüge eines Unzeitgemässen. 19.
6, 152   GD. Streifzüge eines Unzeitgemässen. 49.
6, 158   GD. Was ich den Alten verdanke. 4.
6, 159   ebd.
6, 160   GD. Was ich den Alten verdanke. 5.
6, 258   EH. Vorwort. 2.
6, 305   EH. Warum ich so gute Bücher schreibe. 5.
6, 310   EH. Die Geburt der Tragödie. 1.
6, 311   EH. Die Geburt der Tragödie. 2.
6, 312   ebd.
ebd.   EH. Die Geburt der Tragödie. 3.
6, 313   ebd.
ebd.   EH. Die Geburt der Tragödie. 4.
6, 343   EH. Also sprach Zarathustra. 6.
6, 344   ebd.
6, 345   ebd.
ebd.   EH. Also sprach Zarathustra. 7.
6, 348   EH. Also sprach Zarathustra. 8.

6, 349	ebd.
6, 352	EH. Genealogie der Moral.
6, 357	EH. Der Fall Wagner. 1.
6, 366	EH. Warum ich ein Schicksal bin. 2.
6, 374	EH. Warum ich ein Schicksal bin. 9.

D. ENDNOTEN

VORWORT

[1] Z. III. Von alten und neuen Tafeln. 29. (4, 268)
[2] Z. III. Der Genesende. 2. (4, 276)
[3] Z. IV. Das Zeichen. (4, 408)
[4] A. Gesetz wider das Christenthum. (6, 254)
[5] EH. Vorwort. 1. (6, 257)
[6] Z. I. Von der schenkenden Tugend. 3. (4, 102)

KAPITEL 1
FRIEDRICH NIETZSCHES ÜBERMENSCH

VORBEMERKUNGEN

[7] GT. 1. (1, 26)
[8] UB. III. 6. (1, 399)
[9] UB. IV. 11. (1, 506)
[10] MA. I. 111. (2, 113)
[11] FW. 143. (3, 490)
[12] vgl. EH. Also sprach Zarathustra. 1. (6, 335)
[13] Z. I. Vorrede. 3. (4, 14)
[14] vgl. Z. I. Von alten und jungen Weiblein. (4, 85) und: Von der schenkenden Tugend. 2. und 3. (4, 101 f)
[15] GM. I. 16. (5, 288)
[16] A. 4. (6, 171)
[17] EH. Warum ich so gute Bücher schreibe. 1. (6, 300)
[18] EH. Warum ich ein Schicksal bin. 5. (6, 369 f)
[19] Heidegger. Sein und Zeit. § 32. (S. 151)
[20] vgl. GM. III. 18. (5, 384)
[21] vgl. EH. Warum ich ein Schicksal bin. 2. (6, 366)
[22] Z. II. Von der Selbst-Überwindung. (4, 148)

KAPITEL 2.
MORAL UND WERT

[23] GT. 5. (1, 47) und 24. (1, 152)
[24] A. 46. (6, 225)

DIE GENEALOGIE DER MORAL

[25] GM. Vorrede. 6. (5, 253)
[26] GM. I. 4. (5, 261)
[27] GM. I. 5. (5, 264)
[28] GM. I. 7. (5, 267)
[29] GM. I. 10. (5, 271)
[30] vgl. GM. I. 10. (5, 271 f)
[31] GM. I. 7. (5, 266)
[32] GM. I. 10. (5, 272)
[33] vgl. GM. I. 10. (5, 270)
[34] GM. I. 13. (5, 279)
[35] GM. I. 14. (5, 281 f)
[36] GM. I. 16. (5, 286)
[37] EH. Warum ich ein Schicksal bin. 5. (6, 369)
[38] GM. I. 16. (5, 288)
[39] GM. II. 3. (5, 295)
[40] vgl. GM. II. 1. und 2. (5, 291 ff)
[41] GM. II. 3. (5, 294 f)
[42] GM. II. 3. (5, 295)
[43] GM. II. 8. (5, 305 f)
[44] GM. II. 5. (5, 300)
[45] GM. II. 14. (5, 319)
[46] GM. II. 14. (5, 320)
[47] GM. II. 16. (5, 322)
[48] GM. II. 16. (5, 322)
[49] GM. II. 16. (5, 323)
[50] vgl. GM. II. 17. (5, 324)
[51] vgl. GM. II. 17. (5, 325)
[52] GM. II. 17. (5, 324)
[53] GM. II. 17. (5, 325)
[54] vgl. GD. Streifzüge eines Unzeitgemäßen. 48. (6, 150)

[55] GM. II. 11. (5, 310)
[56] GM. II. 8. (5, 306 f)
[57] GM. II. 11. (5, 311)
[58] GM. II. 11. (5, 312)
[59] vgl. GM. II. 11. (5, 312 f)
[60] GM. II. 16. (5, 323 f)
[61] Z. I. Vorrede. 4. (4, 16 f)
[62] GM. III. 18. (5, 384)
[63] GM. III. 13. (5, 367)
[64] vgl. GM. III. 12. (5, 364)
[65] vgl. GD. Die vier grossen Irrthümer. 1. (6, 88 ff)
[66] GM. III. 13. (5, 365)
[67] vgl. GM. III. 13. (5, 366)
[68] GM. III. 13. (5, 366)
[69] GM. III. 13. (5, 366)
[70] GM. III. 13. (5, 366)
[71] GM. III. 13. (5, 366)
[72] GM. III. 14. (5, 368)
[73] GM. III. 14. (5, 370 f)
[74] vgl. Z. I. Zarathustras Vorrede. 5. (4, 19)
[75] GM. III. 16. (5, 376)
[76] GM. III. 15. (5, 372)
[77] GM. III. 15. (5, 374)
[78] GM. III. 15. (5, 375)
[79] GM. II. 8. (5, 306)
[80] GM. III. 22. (5, 392 f)
[81] vgl. GM. III. 23. (5, 395 f)
[82] vgl. GM. III. 25. (5, 402)
[83] GM. III. 23. (5, 397)
[84] GM. III. 27. (5, 410)

FLUCH AUF DAS CHRISTENTUM

[85] EH. Vorwort. 3. (6, 259)
[86] A. 3. (6, 170)
[87] vgl. A. 3. und 4. (6, 170 f)
[88] A. 2. (6, 170)
[89] vgl. GM. III. 27. (5, 410 f)
[90] vgl. zur Bewertung der Französischen Revolution: FW. 350. (3, 586)

[91] GM. I. 16. (5, 288)
[92] vgl. A. 7. (6, 174)
[93] vgl. A. 10. (6, 176 f)
[94] vgl. GM. III. 26. (5, 407)
[95] vgl. GM. III. 26. (5, 407)
[96] vgl. A. 7. (6, 172 ff)
[97] A. 2. (6, 170)
[98] A. 7. (6, 173)
[99] A. 6. (6, 172)
[100] A. 15. (6, 182)
[101] A. 16. (6, 182)
[102] A. 25. (6, 193)
[103] GM. I. 7. (5, 267)
[104] vgl. GM. I. 7. (5, 267)
[105] vgl. A. 24 (6, 192)
[106] A. 24. (6, 192 f)
[107] A. 21. (6, 188)
[108] A. 29. (6, 200)
[109] A. 30. (6, 200 f)
[110] vgl. A. 39. (6, 211 f)
[111] vgl. A. 42. (6, 215 ff)
[112] A. 19. (6, 185)
[113] vgl. A. 58. (6, 245 ff)
[114] vgl. A. 15. (6, 181 f)
[115] vgl. A. 48. (6, 227)
[116] Die Bibel. 1. Korinther. 1. 18 ff
[117] A. 47. (6, 225 f)
[118] vgl. A. 15. (6, 181)
[119] A. 26. (6, 195)
[120] GM. III. 28. (5, 412)
[121] vgl. den Liedtext: Karussell. Als ich Fortging.
[122] JGB. 201. (5, 123)

Idiosynkrasie von Décadents

[123] vgl. GM. III. 14. (5, 368)
[124] vgl. GM. II. 17. (5, 324 f)
[125] GM. II. 16. (5, 322)
[126] GM. II. 16. (5, 322)

[127] FW. 352. (3, 588)
[128] GD. Die vier grossen Irrthümer. 2. (6, 89)
[129] A. Gesetz wider das Christenthum. (6, 254)
[130] GD. Was ich den Alten verdanke. 5. (6, 160)
[131] EH. Warum ich ein Schicksal bin. 8. (6, 373)
[132] EH. Warum ich ein Schicksal bin. 7. (6, 371)
[133] EH. Warum ich ein Schicksal bin. 7. (6, 373)
[134] vgl. A. 38. (6, 209 ff)

KAPITEL 3
LEBEN UND WERT

[135] JGB. 13. (5, 27)
[136] UB. II. 10. (1, 330 f)
[137] MA. Vorrede. 1. (2, 14)
[138] UB. II. 10. (1, 331)
[139] Z. III. Von alten und neuen Tafeln. 28. (4, 267)
[140] EH. Warum ich ein Schicksal bin. 7. (6, 372)
[141] Z. II. Von der Selbst-Überwindung. (4, 148)
[142] EH. Warum ich ein Schicksal bin. 5. (6, 370)

WAS LEBEN HEISST

[143] FW. 26. (3, 400)
[144] JGB. 69. (5, 86)
[145] vgl. GD. Die „Vernunft" in der Philosophie. 4 (6, 76)
[146] Z. I. Von der schenkenden Tugend. 2. (4, 99)
[147] M. Vorrede. 3. (3, 15)
[148] Parmenides. DK 28 B 6 (S. 9)
[149] Shinmen Musashi. Das Buch der fünf Ringe. Leere. (S. 115)
[150] GT. Versuch einer Selbstkritik. 2 (1, 14)
[151] GT. Versuch einer Selbstkritik. 2 (1, 17)
[152] GT. 2. (1, 30)
[153] GT. 1. (1, 26)
[154] GT. 1. (1, 27)

[155] GT. 1. (1, 27)
[156] GT. 1. (1, 28)
[157] GT. 16. (1, 103), vgl. auch: GT. 4. (1, 39)
[158] GT. 1. (1, 30)
[159] Z. II. Von der Menschen-Klugheit. (4, 186)
[160] GT. 4. (1, 40)
[161] Z. I. Zarathustras Vorrede. 1. (4, 11); vgl. auch: Z. IV. Das Zeichen. (4, 405)
[162] GD. Was ich den Alten verdanke. 5. (6, 160)
[163] GM. I. 11. (5, 275)
[164] GT. 4. (1, 41)
[165] GT. 25. (1, 155 f)
[166] GT. Versuch einer Selbstkritik. 5. (1, 18)
[167] MA. I. Vorrede. 1 (2, 14)
[168] JGB. 2. (5, 16 f)
[169] vgl. Metzler Philosophie Lexikon. „Korrespondenztheorie"
[170] A. 53. (6, 234)
[171] vgl. z.B.: MA. I. 11. (2, 31), Z. II. Von den Taranteln. (4, 130), JGB. 22. (5, 37), A. 62. (6, 252)
[172] A. 14. (6, 181)
[173] UB. II. 1. (1, 250)
[174] UB. II. 2. (1, 258)
[175] FW. 26. (3, 400)
[176] UB. II. 3. (1, 269)
[177] vgl. Duden. „monumental"
[178] vgl. Z. I. Zarathustras Vorrede. 5. (4, 20)
[179] UB. II. 2. (1, 260)
[180] UB. II. 2. (1, 261)
[181] UB. II. 2. (1, 262 f)
[182] UB. II. 2. (1, 264)
[183] UB. II. 3. (1, 265)
[184] vgl. UB. II. 3. (1, 268)
[185] UB. II. 3. (1, 269)
[186] UB. II. 3. (1, 270)
[187] UB. II. 4. (1, 271)
[188] UB. II. 4. (1, 271)
[189] UB. II. 4. (1, 274)
[190] GM. III. 23. (5, 397)
[191] UB. II. 5. (1, 280)
[192] vgl. UB. II. 5. (1, 279)

DER WILLE ZUR MACHT

[193] FW. 109. (3, 467 f)
[194] vgl. FW. 349. (3, 585)
[195] FW. 349. (3, 586)
[196] vgl. W. Epilog. (6, 51)
[197] Z. II. Von der Selbst-Überwindung. (4, 147 f)
[198] JGB. 36. (5, 55)
[199] JGB. 22. (5, 37); vgl. dazu auch: JGB. 36. (5, 55)
[200] vgl. JGB. 186. (5, 107)
[201] Z. II. Von der Selbst-Überwindung. (4, 147)
[202] Z. II. Von der Selbst-Überwindung. (4, 149)
[203] vgl. JGB. 13. (5, 27)
[204] M. 535. (3, 306)
[205] Z. II. Die stillste Stunde. (4, 189)
[206] Z. II. Von der Selbst-Überwindung. (4, 148)
[207] vgl. hierzu: GD. Streifzüge eines Unzeitgemässen. 14. (6, 120 f); JGB. 13. (5, 27 f); FW. 349. (3, 585 f)
[208] GM. II. 10. (5, 309)
[209] JGB. 259. (5, 207 f)
[210] FW. 347. (3, 582)
[211] UB. II. 5. (1, 285)
[212] GD. Streifzüge eines Unzeitgemässen. 38. (6, 139)
[213] Z. I. Zarathustras Vorrede. 5. (4, 19)
[214] GD. Streifzüge eines Unzeitgemässen. 38. (6, 140)
[215] GM. II. 18. (5, 326)
[216] GD. Streifzüge eines Unzeitgemässen. 38. (6, 140)
[217] FW. 325. (3, 553)
[218] JGB. 69. (5, 86)
[219] GM. II. 12. (5, 315)
[220] GM. II. 12. (5, 314)
[221] GM. II. 12. (5, 313 f)
[222] GD. Streifzüge eines Unzeitgemässen. 38. (6, 139)
[223] GD. Streifzüge eines Unzeitgemässen. 38. (6, 140)
[224] vgl. Martin Heidegger. Einführung in die Metaphysik. I, Die Grundfrage der Metaphysik. (S. 28)
[225] EH. Warum ich ein Schicksal bin. 4. (6, 368)
[226] vgl. A. Gesetz wider das Christenthum. (6, 254)
[227] JGB. 13. (5, 27)

KAPITEL 4
DER ÜBERMENSCH

[228] FW. 12. (3, 383)
[229] EH. Also sprach Zarathustra. 6. (6, 345)
[230] vgl. EH. Vorwort. 3. (6, 259)
[231] JGB. 23. (5, 38)
[232] JGB. 44. (5, 61 f)
[233] Z. I. Zarathustras Vorrede. 4. (4, 16 f)
[234] EH. Also sprach Zarathustra. 6. (6, 343)
[235] vgl. EH. Also sprach Zarathustra. 6. (6, 344)
[236] GD. Was ich den Alten verdanke. 4. (6, 159)
[237] EH. Warum ich ein Schicksal bin. 3. (6, 367)
[238] vgl. GD. Die vier grossen Irrthümer. 1. ff (6, 88 ff)
[239] Z. I. Zarathustras Vorrede. 5. (4, 19)
[240] vgl. Platon. Symposion. Bericht des Sokrates über eine Rede der Diotima. (Band 2. S. 75 ff)
[241] Z. I. Zarathustras Vorrede. 5. (4, 19)
[242] EH. Warum ich ein Schicksal bin. 3. (6, 367)
[243] EH. Warum ich ein Schicksal bin. 5. (6, 369)
[244] EH. Warum ich ein Schicksal bin. 9. (6, 374)
[245] EH. Also sprach Zarathustra. 6. (6, 344)
[246] EH. Morgenröthe. 2. (6, 330)
[247] Z. I. Zarathustras Vorrede. 4. (4, 16)

DIE BRÜCKEN DES ÜBERMENSCHEN

[248] FW. 283. (3, 526)
[249] FW. 346. (3, 580)
[250] vgl. GM. I. 17. (5, 288)
[251] Z. I. Vom Krieg und Kriegsvolke. (4, 58 f)
[252] Z. II. Von den Taranteln. (4, 128)
[253] A. 53. (6, 235)
[254] Z. I. Vom neuen Götzen. (4, 61 ff)
[255] Grundgesetz für die Bundesrepublik Deutschland. (S. 12)
[256] Z. III. Von alten und neuen Tafeln. 25. (4, 265)
[257] Z. I. Vom neuen Götzen. (4, 61 ff)
[258] FW. 41. (3, 362)

[259] Z. I. Vom Freunde. (4, 72)
[260] MA. II. Vermischte Meinungen und Sprüche. 231. (2, 484)
[261] MA. I. 376. (2, 263)
[262] Z. I. Vom Freunde. (4, 72)
[263] Z. I. Von der Nächstenliebe. (4, 78)
[264] MA. I. 378. (2, 265)
[265] Z. I. Von alten und jungen Weiblein. (4, 85)
[266] Z. I. Von Kind und Ehe. (4, 92)
[267] M. 397. (3, 252)
[268] M. 397. (3, 252)
[269] Z. I. Von Kind und Ehe. (4, 90)
[270] Z. I. Zarathustras Vorrede 10. (4, 27)
[271] vgl. MA II. Vermischte Meinungen und Sprüche. 274. (2, 495)
[272] vgl. Z. I. Von alten und Jungen Weiblein. („Oberfläche ist des Weibes ...") (4, 86)
[273] vgl. Z. I. Von alten und Jungen Weiblein. („Das Glück des Mannes ...") (4, 85)
[274] vgl. MA. I. 411. (2, 272)
[275] vgl. M. 403. (3, 253)
[276] FW. 363. (3, 611)
[277] FW. 363. (3, 611 f)
[278] vgl. Z. I. Von alten und jungen Weiblein. (4, 85)
[279] FW. 14. (3, 387)
[280] FW. 14. (3, 387)
[281] Z. III. Von alten und neuen Tafeln. 23. (4, 264)
[282] Z. I. Vom freien Tod. (4, 93)
[283] Z. I. Vom freien Tod. (4, 93)
[284] M. 556. (3, 325)

ERHÖHUNG DES MENSCHEN UND HÖHERE MENSCHEN

[285] JGB. 295. (5, 239)
[286] Z. II. Von der Menschen-Klugheit. (4, 185)
[287] Z. II. Von der Menschen-Klugheit. (4, 185)
[288] Shinmen Musashi. Das Buch der fünf Ringe. Erde. (S. 13 f)
[289] Z. III. Der Genesende. 2. (4, 274)
[290] Z. IV. Vom höheren Menschen. 5. (4, 359)
[291] A. 2. (6, 170)
[292] FW. 338. (3, 567)

[293] vgl. Z. III. Von den drei Bösen. 1. (4, 236)
[294] A. 2. (6, 170)
[295] GM. III. 12. (5, 364)
[296] Z. III: Von den drei Bösen. 2. (4,237)
[297] DD. Unter Töchtern der Wüste. 3. (6, 387)
[298] vgl. Z. III: Von den drei Bösen. 2. (4,237)
[299] Z. I. Von der Nächstenliebe. (4, 77)
[300] Z. IV. Vom höheren Menschen. 6. (4, 359)
[301] Z. IV. Vom höheren Menschen. 20. (4, 368)
[302] vgl. Z. IV. Der hässlichste Mensch. (4, 331)
[303] FW. Vorrede zur zweiten Ausgabe. 4. (3, 352)
[304] Z. IV. Der freiwillige Bettler. (4, 335)
[305] Z. IV. Der Schatten. (4, 340); vgl. auch: GM. III. 24. (5, 399)
[306] Z. IV. Der Schatten. (4, 341)
[307] Z. I. Zarathustras Vorrede. 4. (4, 17 f)
[308] Z. III. Von alten und neuen Tafeln. 7. (4, 251)
[309] vgl. FW. 357. (3, 600)
[310] M. 563. (3, 328)
[311] M. 208. (3, 189)
[312] GD. Der Hammer redet. (6, 161)
[313] vgl. UB. II. 1. (1, 250)
[314] EH. Die Geburt der Tragödie. 4. (6, 313)
[315] JGB. 294. (5,236)
[316] Z. I. Zarathustras Vorrede 4. (4, 18)

Kapitel 5
VERTEIDIGUNG

[317] Shinmen Musashi. Das Buch der fünf Ringe. Wasser. (S. 35 f)
[318] Shinmen Musashi. Das Buch der fünf Ringe. Feuer. (S. 66 f)

WEITERE BÜCHER VON PIERRE KYNAST

TRIALEKTIK
Entwurf eines metaphysischen Schemas zur Beschreibung und Beherrschung der Wirklichkeit
2011

Dieses Buch handelt vom kleinsten gemeinsamen Nenner, auf den man die Welt bringen kann. Er heißt drei. Das an der Drei etwas dran sein muss, ist sozusagen ein alter Hut. Das Neue hier ist, dass die Drei systematisch grundlegend in den Griff genommen und als Metaphysik, Ontologie beziehungsweise einheitliche Theorie und Grundlage einer Logik entwickelt wird. Unter anderem ist damit eine Möglichkeit formuliert, überkommene Dualismen zu entspannen und in einer umfassenderen Sphäre aufzuheben.

DER VERHINDERTE TÄNZER
Tausend Geschichten, tausend Fragen und ein paar Antworten
2003

Das Buch zeichnet heiter und gefühlsintensiv ein Erwachsen-Werden im sich wieder vereinigenden Deutschland in den letzten Jahren des vergangenen Jahrtausends. Der Untertitel beschreibt das Programm: Tausend Geschichten, tausend Fragen und ein paar Antworten. Es geht um das Leben, die große Liebe und das große Los – um all die Unmöglichkeiten, Zerwürfnisse und goldenen Blitze im Alter von 1 bis 30.

www.ingramcontent.com/pod-product-compliance
Lightning Source LLC
Chambersburg PA
CBHW031958080426
42735CB00007B/433